ÉTUDE

SUR

L'ÉTAT MORAL

De l'Armée française et de l'Armée allemande

EN 1870

Par A. LAMBERT

Capitaine-commandant, adjoint d'État-major

PARIS

Henri CHARLES-LAVAUZELLE

Éditeur militaire

10, Rue Danton, Boulevard Saint-Germain, 118

(MÊME MAISON A LIMOGES)

ÉTUDE SUR L'ÉTAT MORAL

DE

l'Armée française et de l'Armée allemande en 1870

ÉTUDE

SUR

L'ÉTAT MORAL

De l'Armée française et de l'Armée allemande

EN 1870

Par A. LAMBERT

Capitaine-commandant, adjoint d'État-major

PARIS

Henri CHARLES-LAVAUZELLE

Éditeur militaire

10, Rue Danton, Boulevard Saint-Germain, 118

(MÊME MAISON A LIMOGES)

AVANT-PROPOS

Au cours d'une crise qui excite au plus haut degré toutes les fixités vitales d'une nation — telle serait une guerre éventuelle entre la France et l'Allemagne — il se révèle des éléments qui échappent, par avance, à nos moyens d'investigation.

Depuis 1870, l'armée française a accompli d'immenses efforts pour égaler sa rivale ; son brillant corps d'officiers a non seulement acquis un incontestable savoir, mais il a travaillé avec une ardeur passionnée et, dans son ensemble, avec un indéniable esprit d'abnégation, à élever cette armée à hauteur de tous les progrès et à lutter, pour l'y maintenir, contre les influences délétères des vicissitudes politiques et sociales. De son côté — et à ces différents points de vue — l'armée allemande n'est pas restée un seul instant inactive. Voilà des bases essentielles d'appréciation, mais il en est beaucoup d'autres. Et si, dans une question aussi complexe que celle consistant à rechercher le rendement probable des forces matérielles et morales de deux grandes puissances militaires, on voulait juger du présent ou préjuger de l'avenir, on s'exposerait à ne présenter qu'une analyse très incomplète ou à s'égarer dans des considérations trop spéculatives.

Ne voulant appuyer cette étude que sur des faits bien établis, je l'ai limitée à la partie de l'histoire de France et d'Allemagne comprise entre la Révolution et la guerre de 1870.

Dans cette campagne, l'armée allemande s'est couverte de gloire, et, malgré les recherches les plus impartiales et les plus minutieuses, l'on parvient difficilement à se défendre contre le sentiment si humain du « malheur aux vaincus ». Mais d'éminents écrivains français ont eu assez de bon sens pour reconnaître les erreurs du passé et assez de franchise pour les avouer clairement. C'est à leurs œuvres principalement que j'emprunterai des citations, afin de me justifier aux yeux des lecteurs qui me trouveraient trop élogieux d'une part, trop sévère de l'autre.

× ×

Dans ces dernières années, certains écrivains militaires ont eu recours aux sciences morales, à la sociologie particulièrement, pour étudier *l'Armée* en tant que collectivité. La question que j'aborde me semble relever des mêmes sciences et pour répondre au titre du livre, l'étude consistera à rechercher les causes qui ont agi sur l'âme militaire de la France et de l'Allemagne pour déterminer l'état moral des deux armées, tel qu'il existait au moment de l'entrée en campagne.

J'énoncerai comme suit le problème à résoudre : *L'évolution de l'esprit militaire et de la puissance morale des armées s'accomplit par l'action des mœurs sur les institutions et la réaction des institutions sur les mœurs* (1).

Cette thèse, je me hâte d'en convenir, présente plus d'une difficulté et je ne puis émettre la pré-

---

(1) Cette proposition n'est que la spécialisation de la suivante : L'évolution sociale s'accomplit par l'action des mœurs sur les institutions et la réaction des institutions sur les mœurs. — Jean Izoulet, *Les quatre problèmes sociaux*, p. 27.

tention de l'avoir soutenue avec une compétence indiscutable. Pour la simplifier, je l'ai rattachée à une seule idée l' « initiative », laquelle sera, si l'on veut, le pivot de l'argumentation. Mais cette idée, qui paraît si simple à première vue, prendra, dans le corps du travail, une extension que nous ferons pressentir par la définition que nous en donnerons. Elle s'épanouira ensuite, par l'étude spéciale que nous en ferons, de manière à suivre, dans toutes ses affinités, le « moral » tel qu'on le conçoit dans une collectivité comme « l'armée ». Il est à remarquer, du reste, que tous les écrivains militaires qui ont scruté les faits de la guerre franco-allemande reconnaissent que l'intervention à outrance de l' « initiative » fut un des plus importants facteurs du succès des Allemands et que l'absence de cette haute qualité militaire fut une des principales causes de l'anéantissement de l'armée française.

× ×

On a fait observer que, si l'armée française avait été mieux concentrée dès les premières rencontres, elle eût pu obtenir des résultats qui auraient soutenu le moral des troupes, conservé aux chefs tout leur sang-froid, toutes leurs aptitudes guerrières et changé, sensiblement peut-être, la marche des événements. C'est indubitable. Mais les raisons qui ont amené les troupes allemandes sur les premiers champs de bataille, en nombre suffisant et avec un outillage matériel en bon ordre, ne sont-elles pas les mêmes qui avaient trempé le caractère de ces troupes, cet esprit de résolution qui ne les a point abandonnées un instant durant toute la campagne !

L'élément moral n'exerce pas son influence uniquement dans les choses de l'esprit et du cœur, mais aussi dans le développement et l'application des sciences positives, par l'impulsion qu'il donne à l'activité de l'homme soucieux d'atteindre l'idéal du devoir à accomplir.

× ×

Il ne siérait pas à un officier de l'armée belge de vouloir faire l'apologie de tel ou tel système religieux ou philosophique d'éducation morale ; il s'exposerait à heurter la conscience de ses camarades qui ne pensent pas comme lui. En cette matière, la tolérance et l'estime réciproques, voilà la règle, elle s'impose.

Mais il est une chose qu'il ne faut plus démontrer, car, après la guerre de 1870, elle a été comprise dans toutes les armées modernes : c'est la nécessité de cultiver le moral du soldat. Le concept de la discipline et de l'honneur militaires, tel qu'il existait dans les armées européennes du xviii° siècle — avant la Révolution — ne serait plus possible aujourd'hui. En présence des progrès de l'instruction, ainsi que des transformations politiques et sociales qui sont l'œuvre du siècle dernier, l'honneur militaire et la discipline ne peuvent se maintenir que s'ils sont soutenus par un faisceau de vertus individuelles et sociales.

Dans notre pays, on a compris cette vérité. La « morale pour tous » est contenue dans les nombreux sujets de « conférences morales » que comportent les programmes de toutes les écoles de l'armée, tandis qu'à l'Ecole de guerre est institué un cours de philosophie. Enfin, les règlements insistent sur l'importance que l'on doit accorder à l'éducation morale du soldat.

Partant de là, je me plais à croire que mon travail n'aura pas été superflu. En définitive, et dans cet ordre d'idées, quel est le but que je me propose?... Montrer une fois de plus, par l'examen de faits positifs, non seulement l'impérieuse nécessité de l'éducation morale militaire, mais aussi et surtout la liaison étroite de celle-ci avec la culture morale et sociale de l'enfant, du citoyen, dont elle n'est que la résultante et le couronnement.

Vue générale du sujet.

Sommaire : De l'initiative au point de vue militaire. — Dans l'éducation militaire, l'initiative doit être considérée, non seulement comme une qualité intellectuelle, mais aussi et surtout comme une vertu morale.

Initiative ! voilà un mot qui, *à priori*, pourrait paraître un peu vieillot : dans le sens vulgaire, il est très familier au public et, depuis la campagne de 1870, il a fait son tour du monde dans toutes les armées, fascinant tous les esprits, s'infiltrant dans toutes les publications militaires.

Il faut croire cependant que la matière n'était pas épuisée, car c'est dans ces dix dernières années surtout que de nombreux travaux ont été publiés sur ce sujet.

Une méthode générale caractérise ces études : toutes constatent les faits, les commentent et en recherchent les causes dans l'organisation des armées, les procédés tactiques et l'exercice du commandement. Mais ce qu'aucune de ces études ne révèle, ne tente même de révéler, c'est l'origine philosophique des faits constatés.

Mon attention fut surtout attirée sur ce point par la comparaison que je fis entre deux études sur l'armée française, l'une écrite après la campagne d'Italie en 1859, l'autre après la campagne de 1870.

La première a pour auteur le général Dragomiroff (1) qui, en qualité de capitaine d'état-major, avait suivi les opérations de la campagne d'Italie.

---

(1) *De l'armée russe.*

Les extraits suivants de cette étude résument l'impression de l'auteur quant à l'état moral de l'armée française :

« Le système français table presque exclusivement sur l'initiative et sur l'énergie du soldat. Loin de considérer l'autonomie morale des individus comme un mal, les Français y voient une source unique de valeur militaire ; aussi, la personnalité du soldat est-elle pour eux sacrée et respectent-ils particulièrement les prérogatives de l'amour-propre.

» Ils ont instinctivement compris que la discipline, quand on la considère comme un but, devient quelque chose d'absurde ; qu'elle ne peut être prise que comme un moyen ; qu'entendue dans ce sens, elle n'exerce son influence utile que dans l'étendue de certaines limites. Ces limites une fois dépassées, elle agit d'une manière incontestablement nuisible, en créant dans la troupe, suivant son espèce, une atmosphère d'apathie et de mécontentement.

» Il faut joindre à cela le fruit que les troupes retirent de leur séjour dans les garnisons d'Afrique.

» L'Algérie a coûté à la France bien des milliers de vies ; mais elle lui a valu, en échange, des avantages précieux.

» L'armée française doit à l'Algérie les meilleurs de ses généraux. En raison du caractère particulier fait de combats de détail, en raison de la nécessité qui s'impose d'étudier un adversaire si différent des combattants européens, les officiers d'Algérie se trouvent placés, dès le grade de sous-lieutenant, dans des situations indépendantes où ils ont toute occasion d'exercer leur énergie et leur initiative. On devine si pareille école doit développer chez eux l'art du commandement et je n'étonnerai personne en disant que non seulement la France ne manque pas, mais qu'elle regorge d'officiers aptes à commander les troupes et à les conduire habilement sous le feu.

» De leur côté, les officiers des grades supérieurs apprennent à reconnaître autour d'eux, de bonne heure et d'une manière sûre, l'énergie et le talent. »

Ainsi donc, dans l'armée française de 1859, le capitaine Dragomiroff voyait d'une part l'initiative et l'énergie du soldat développées au suprême degré, grâce à une discipline bien entendue et paraissant tout à fait en rapport avec le caractère national ; d'autre part, il voyait les mêmes vertus militaires naître et se perfectionner dans le corps d'officiers, grâce à l'exercice du commandement dans les circonstances les plus favorables.

Tout était irréprochable : du général au simple soldat, cette armée possédait l'initiative, l'énergie et l'esprit offensif dans tout leur épanouissement.

Onze ans plus tard, arrive la débâcle de 1870 !

Un autre écrivain russe, le général de Woijdé, s'exprime comme suit dans une étude sur l'usage de l'initiative, au cours des événements de la campagne de 1870 :

« La véritable cause des fautes et négligences des chefs français en sous-ordre doit être attribuée à la fausse conception qu'avait le commandement français de ses droits et devoirs ; à l'habitude invétérée de la subordination aveugle et inerte, érigée en principe absolu et ayant force de loi à tous les degrés de la hiérarchie.

» Les principales conséquences de ce système néfaste ont été les suivantes :

» 1° Méconnaissance de la haute importance de l'offensive qui est le moyen essentiel, pour ne pas dire unique, d'atteindre le but poursuivi à la guerre ;

» 2° Centralisation purement théorique ne répondant nullement aux besoins de la pratique et déniant à tout inférieur le droit de penser et d'agir sans ordre ;

» 3° Abstraction complète, faite de la personnalité des sous-ordres, par suite d'une centralisation à outrance ;

» 4° Absence de toute initiative chez les subordonnés qui avaient contracté l'habitude d'attendre, pour agir, qu'on les mette en branle, toujours par suite de l'annihilation de leur personnalité. »

Voilà donc, à onze années d'intervalle, une même armée tombée de l'indiscutable perfection au néant absolu !

C'est la contradiction entre ces deux opinions qui m'a incité à pousser plus loin mes investigations au sujet des causes morales qui ont décidé, en 1870, de la victoire éclatante des uns et du désastre des autres.

Cette interrogation que je me posais me remit en mémoire cette haute pensée exprimée par Montesquieu, dans son *Étude sur les causes de la grandeur et de la décadence des Romains* :

« Dans chaque monarchie, il y a des causes générales soit morales soit physiques, qui agissent, l'élèvent, la maintiennent ou la précipitent ; tous ces accidents sont soumis à ces causes et si le hasard d'une bataille, c'est-à-dire une cause particulière, a ruiné un Etat, il y avait une cause générale qui faisait que cet Etat devait périr en une seule bataille. En un mot, l'allure principale entraîne avec elle tous les accidents particuliers. »

Dans l'introduction de son ouvrage *Rosbach et Iéna*, le général baron Colmar von der Goltz exprime à peu près la même pensée : « Jamais les grandes infortunes d'une nation ne sont le résultat de causes subites ; elles sont préparées de longue main et presque méthodiquement. Mais les symptômes précurseurs des maladies peuvent être retrouvés et leur découverte sert de leçon pour l'avenir. »

De son côté, Scharnhorst écrivait, bien avant la catastrophe d'Iéna : « Nous sommes arrivés à apprécier l'art de la guerre plus haut que les vertus militaires, ce qui a été la perte des peuples à toutes les époques ; le courage, l'esprit de sacrifice, la persévérance sont les bases de l'indépendance d'un peuple. Dès que ces vertus ne font plus battre notre cœur, nous sommes déjà perdus, même au cours des grandes victoires. »

× ×

Quelle est la cause générale qui amena la décadence de l'esprit militaire en France ou, en d'autres termes, — pour rester dans mon sujet — quelle est la cause générale qui empêcha l'initiative de se développer dans l'armée française, comme elle le fit dans l'armée allemande, telle est la première partie du problème que je me propose de résoudre.

Mais avant d'aborder ce problème il serait utile, je pense, d'énoncer les qualités indispensables à l'armée toute entière, au soldat aussi bien qu'à l'officier, pour que l'initiative puisse, sans danger, prendre tout son essor.

Je m'en rapporterai, à ce sujet, aux idées exprimées par le général von Blum, dans une étude sur l'initiative, publiée en 1897.

« Il faut, dit-il, pour que l'initiative puisse être érigée en dogme dans une armée, que la confiance en soi et la confiance réciproque règnent du haut en bas de l'échelle hiérarchique. Pour atteindre ce résultat, les qualités suivantes doivent être l'apanage du corps d'officiers tout entier : sentiment profond de l'honneur et du devoir ; connaissances étendues en rapport avec la situation occupée ; activité incessante ; amour du métier ; amour de la patrie ; esprit de camaraderie élevés à la hauteur d'un culte ; discipline forte sans excès qui forme les caractères trempés ».

La définition de l'initiative, telle que doit l'entendre tout ce qui appartient à une collectivité constituée comme l'armée, se déduit aisément des préceptes que nous venons d'exposer : *C'est l'activité incessante des facultés intellectuelles et morales de l'homme qui se donne tout entier à sa mission,* non seulement dans le but d'être irréprochable vis-à-vis de sa conscience — car cela pourrait se réduire à une simple appréciation personnelle (1) — mais encore dans celui d'éprouver une certaine fierté intime à se conformer aux règles établies, à se dévouer pour son semblable, pour le tout dont il fait partie, pour la société dans son ensemble (2). En résumé, *dans l'éducation militaire (3), l'initiative doit être considérée non seulement comme une qualité intellectuelle, mais aussi et surtout comme une vertu morale.*

Exercée pendant la paix, dans toutes les circonstances de la vie journalière, par l'officier qui en tous points est à hauteur du commandement qu'il occupe, *l'initiative, aux manœuvres et à la guerre — en présence d'une situation fortuite, ou logiquement déduite des faits, ou déterminée par les ordres de l'autorité supérieure — se révélera par une décision et une résolution pour ainsi dire spontanées, mais soumises, quant au but à atteindre, à « l'idée générale » et à « la cohésion des efforts ».*

Pour que l'initiative puisse atteindre son développement intégral, il faut que l'action de l'autorité s'exerce, dans la vie journalière, uniquement par la pensée dirigeante et dans les limites tracées pour chacun par les règlements ;

---

(1) Toute discipline même paraît intolérable, quand on a trop pris l'habitude d'agir sans autres règles que celles qu'on se fait à soi-même. — Durkheim, *Division du travail social,* p. 263.

(2) On remarquera que nous ne considérons l'*initiative* que dirigée vers le bien, comme vertu morale.

(3) Aussi bien que dans l'éducation sociale.

dans les manœuvres et à la guerre par des ordres précis établissant les responsabilités réciproques et déterminant nettement le but à atteindre ainsi que la somme des moyens concourant à ce but.

II

Pourquoi l'initiative n'avait pu se développer dans l'armée française de 1870.

SOMMAIRE : Fausse interprétation ou exagération de certains principes de la Révolution. — Napoléon Ier. L'individualisme et le césarisme ont tué l'initiative dans l'armée et dans tout l'organisme national. — La France après le premier Empire. L'individualisme et le césarisme continuent à se disputer le cœur de la France. Prédominance de l'instruction sur l'éducation. Socialisme. Littérature. Journalisme. Révolutions et coups d'État. — Le second Empire. Le capitalisme. Les succès militaires. Influence des mœurs sur l'esprit militaire. Décadence des vertus militaires, sous l'action de l'individualisme.

× ×

L'armée française de 1870 possédait-elle, pouvait-elle posséder les vertus militaires qui donnent naissance à l'initiative telle que je l'ai définie, la stimulent et la dirigent ?...

Je ne le crois pas et, pour le démontrer, jetons un coup d'œil rapide sur l'histoire de France depuis la Révolution.

« Celle-ci avait été trop brusque pour avoir pu fournir des formules définitives à toutes les questions ouvertes. Exagérée par endroits ou même simplement audacieuse, elle devait forcément produire, dans le milieu où elle éclatait, des perturbations de nature à en troubler sinon le tréfonds, du moins les couches superficielles.

» Avant la Révolution, la collectivité était tout, l'individu n'était rien...

»... Après la Révolution, l'individu est tout, la collectivité n'est plus rien...

»... Il faut bien le reconnaître, cet affranchissement de l'activité humaine, en stimulant les initiatives privées par l'appât de la propriété et de l'honneur de leurs résultats a été le signal, dans toutes les branches de la science et de l'industrie, d'une véritable explosion de découvertes qui ont changé les conditions de l'existence et imprimé au XIXe siècle un caractère de force matérielle d'une réelle grandeur (1). »

Dans l'armée française, s'il ne produisit pas le renversement des anciens procédés tactiques, pour les remplacer par ceux dont le principe est la mise en œuvre des propriétés particulières à chaque arme et l'autonomie des grandes subdivisions composées des trois armes combattantes, il provoqua d'une manière assez sensible l'abandon successif des premiers et l'application progressive des derniers.

En outre, il fit sortir des rangs de la petite noblesse, de la bourgeoisie et même du peuple, des généraux célèbres. Le soldat lui-même ne fût plus considéré comme un simple automate : la nouvelle tactique fit appel à son intelligence et à ses qualités personnelles.

Toutefois, les débuts de la « jeune armée » française ne furent pas heureux. Composée d'hommes peu formés au point de vue militaire, cette armée ne possédait ni la cohésion, ni l'enthousiasme que lui apporta ce cri résumant toute une période glorieuse pour la France : « La Patrie est en danger ! »

C'était la naissance du patriotisme, force incomparable pour l'esprit militaire, en ce qu'il résume à lui seul · camaraderie, dévouement, solidarité, esprit de corps. Il fut une source féconde d'initiative et d'esprit offensif et le point de départ, pour la France, de vingt années de suc-

____

(1) Duhaut, *L'individualisme et l'esprit de corps*, p. 14.

cès militaires, sans exemple dans l'histoire. « Jamais, dit le maréchal Soult, les armées n'ont été plus obéissantes ou animées de plus d'ardeur. C'est l'époque des guerres où il y a eu le plus de vertu parmi les troupes. »

« Mais cette Révolution n'a pas eu que des conséquences heureuses (1). En supprimant la collectivité ; en séparant l'homme de sa caste, de sa famille, des groupes dont il faisait partie, elle a transformé la société en poussière d'individus qu'elle a isolés sous prétexte de les rendre libres, opposant leurs intérêts, les armant les uns contre les autres (2). »

« Les hommes de la Révolution étaient les héritiers directs des légistes de la royauté, les continuateurs des principes juridiques romains ; ils étaient aussi profondément imbus de doctrines philosophiques de Rousseau, et ces deux sources différentes convergeaient au même point. Conformément à l'esprit romain, conformément au contrat social, ils établissent en maxime que, dans l'Etat, il ne faut pas de corps ; rien que l'Etat dépositaire de tous les pouvoirs publics, et une poussière d'individus désagrégés ; nulle société particulière, nul groupement partiel, nulle corporation collatérale, même pour remplir un office que l'Etat ne remplit pas. « Dès qu'on entre dans une corpora- » tion, dit un orateur, il faut l'aimer comme une famille »; or l'Etat doit garder le monopole de toutes les affections, de toutes les obéissances. D'ailleurs, sitôt qu'on fait partie d'un ordre, on reçoit de lui un appui distinct, et toute distinction est contraire à l'égalité civile. C'est pourquoi, si l'on veut que les hommes restent égaux et deviennent

(1) A la fin du xviiie siècle, dit von Goerres, le peuple français s'éleva dans la sphère d'une dignité supérieure ; mais, violemment entraîné par les temps et sa propre nature, il n'atteignit pas le but qu'il poursuivait.

(2) Duhaut, *L'individualisme et l'esprit de corps*, p. 15.

citoyens (1), il faut leur ôter tout centre de ralliement qui ferait concurrence à l'Etat, et donnerait aux uns quelque avantage sur les autres. En conséquence, on a tranché toutes les attaches naturelles ou acquises par lesquelles la géographie, le climat, l'histoire, la profession, le métier les unissaient. On a supprimé les anciennes provinces, les anciens états provinciaux, les anciennes administrations municipales, les parlements, les jurandes et les maîtrises. On a dispersé les groupes les plus spontanés, ceux que forme la communauté d'état, et l'on a pourvu, par les interdictions les plus expresses, les plus étendues et les plus précises, à ce que jamais, sous aucun prétexte, ils ne puissent se refaire. On a découpé la France géométriquement comme un damier et, dans ces cadres improvisés qui seront longtemps factices, on n'a laissé subsister que des individus isolés et juxtaposés (2). »

En résumé, la Révolution, en renversant d'un seul coup l'ordre de choses établi, rompit l'équilibre indispensable à l'application de la division du travail social ; les anciens dirigeants comprenant l'étendue des fautes commises dans le passé, se sentant incapables ou trop faibles en face des exigences des nouveaux venus, abandonnèrent ou furent forcés d'abandonner à ceux-ci leurs fonctions sociales. Ces derniers s'en emparèrent avidement ; mais peu préparés à la mission de « conducteurs d'hommes » et emportés par la fièvre révolutionnaire, ils tombèrent dans des erreurs aussi graves que celles de l'ancien régime. Et grâce au décret par lequel l'Assemblée constituante, « con-

---

(1) « Forcé de combattre la nature ou les institutions sociales, il faut opter entre faire un homme ou un citoyen ; car on ne peut faire à la fois l'un et l'autre. J'attends qu'on me démontre ce prodige pour savoir s'il est homme ou citoyen, ou comment il s'y prend pour être à la fois l'un et l'autre. » — *J.-J. Rousseau, Émile.*

(2) Taine, *La Révolution*, p. 221, t. II. Origine de la France contemporaine en 6 volumes.

sidérant qu'un Etat vraiment libre ne doit souffrir dans son sein aucune corporation, il n'y a plus en France que des individus dispersés, impuissants, éphémères ; en face d'eux, le corps unique et permanent qui a dévoré tous les autres, l'Etat, véritable colosse, seul debout au milieu de tous ces nains chétifs (1) ».

Ces deux forces opposées et rivales devaient aboutir, d'une part à l'*individualisme* (2), d'autre part au *césarisme*.

J'entends par *individualisme* un sentiment qui porte l'homme à s'éloigner de ses semblables en vue de son unique intérêt ou bien dans le but d'acquérir la « Liberté » et l' « Egalité », sans autres bornes que celles données par la raison de chacun. Dans le domaine collectif, ce sentiment donne naissance à un particularisme (3) exclusif se manifestant par le conflit des nations (4), des classes sociales et des partis politiques, ainsi que par l'antagonisme d'autres collectivités ou groupes économiques et sociaux.

Né d'un désir excessif d'indépendance ou de bien-être, il devient bientôt, sous ces formes diverses, l'égoïsme en action (5) ; il ne tarit d'abord que la source des vertus pu-

---

(1) Taine, *La Révolution.*

(2) « C'est une chose étrange et lamentable en vérité, que l'on nous ait persuadé, depuis tantôt cent ans, à nous autres Français, que nous manquions d'individualisme. Mais, au contraire, si nous souffrons de quelque maladie, c'est d'un excès d'individualisme et depuis cent ans précisément, d'une incapacité de sortir de nous-mêmes pour soumettre ou pour subordonner notre vaniteuse personne.

» La Révolution française, le romantisme, l'économisne, la morale de la concurrence, l'abandon de nos traditions, la théorie de l'art pour l'art, le dilettantisme, ont fait de nous des individualistes. » — F. Brunetière, *Les ennemis de l'âme française*, p. 204 et 208.

(3) Particularisme des armes et des services dans une armée.

(4) La grandeur nationale est souvent inséparable de l'égoïsme national.

(5) L'individualisme aboutit aussi au « j'm'enfichisme », expression qui rend si bien, par sa trivialité, l'état d'âme de ceux

bliques; mais à la longue, oubliant même la « Fraternité », il corrompt toutes les autres. Que reste-t-il, dès lors, de la fameuse formule : « Liberté, Egalité, Fraternité ! (1) »

Sans aucun doute, l'individualisme n'est pas un vice social nouveau, il n'est pas une création de la Révolution ; inhérent aux passions humaines, il a existé de tout temps. En France, précisément, à la veille de la Révolution, l'indifférence des privilégiés, et même de la bourgeoisie, pour le peuple, ainsi que les abus dont celui-ci était victime, témoignent d'un profond individualisme de classe et de caste. En divisant pour régner, en opposant les groupes les uns aux autres, le pouvoir absolu avait détruit, en grande partie, les liens sociaux. « La nation, disait Turgot, est une société composée de différents ordres mal unis et d'un peuple dont les membres n'ont entre eux que peu de liens, et où, par conséquent, personne n'est occupé que de son intérêt particulier. Nulle part, il n'y a d'intérêt commun visible (2). »

La Révolution a déterminé les droits individuels, chose excellente en soi ; mais elle n'a voulu marquer la limite de ces droits que par la loi et par la force. Si, en ce faisant, elle n'a pas proclamé l'inutilité de toute action morale, tant dans l'ordre individuel que dans l'ordre social et politique, il semble, tout au moins, qu'elle ait voulu en nier ou rabaisser l'indiscutable nécessité, fournissant

---

qui sont atteints de cette lâcheté morale. Il faut aussi distinguer le j'm'enfichisme dissimulé d'avec le j'm'enfichisme ostensible, ou, en d'autres termes, la tartuferie d'avec le cynisme. Enfin, il engendre souvent le servilisme, autre forme non moins funeste de la dépression des caractères.

(1) « Par liberté, nous entendons la liberté pour nous, et, bien que nous nous prétendions amis de l'égalité, la liberté d'autrui nous semble rarement l'égale de la nôtre. Quant à la fraternité, elle n'existe plus que sur les murs des édifices publics. » — A. Fouillée, *La France au point de vue moral*, p. 94.

(2) De Tocqueville, *L'ancien régime et la Révolution*, p. 158.

ainsi à l'individualisme des moyens d'extension inconnus jusqu'alors. Dans la suite, les progrès des sciences et de l'instruction, en créant des besoins nouveaux ou de nouveaux désirs, de nouvelles aspirations, ont aidé à son développement. Quant à l'éducation morale, l'antidote de l'individualisme, la Révolution l'a reléguée au second plan, ou bien, si elle s'en est occupée, ce n'est qu'en vue d'en faire un instrument de la force gouvernementale. De manière que cette éducation n'a pu s'adapter, avec des forces plus impérieuses, aux conditions nouvelles de l'existence individuelle, sociale et politique.

× ×

Les excès de la Révolution, par les déprédations et les actes criminels du peuple aussi bien que des pouvoirs successifs, ainsi que par une législation non mûrie, intempestive, furent en quelque sorte les débuts de l'individualisme déchaîné, irréfléchi, cherchant sa voie. Il fallut la main de fer et le génie séducteur de Bonaparte pour faire rentrer dans le devoir ou rappeler à l'espérance ce monde éperdu.

En possession de la toute-puissance gouvernementale, le premier consul déploya tout son génie à rétablir la société sur de nouvelles bases. Dans sa proclamation du 15 décembre 1799, il crut pouvoir affirmer que « La Révolution était finie ». Mais si Napoléon et ses collaborateurs créèrent une œuvre gigantesque, cette œuvre ne produisit pas tout ce que pouvaient en attendre ses immortels auteurs. Les résultats prouvèrent que les meilleures lois ne peuvent, à elles seules, moraliser un peuple.

Au surplus, Bonaparte avait travaillé déjà et il travailla encore lui-même à la destruction de l'édifice qu'il avait construit. Après avoir, par ses discours et ses harangues, par ses victoires et ses conquêtes, exalté toutes les passions humaines (1) auxquelles il offrait sans cesse de nouveaux appâts ; après avoir élevé ces passions au rang de la vertu (2), après avoir fanatisé l'armée et le pays pour en faire les instruments de sa gloire, l'empereur voulut museler l'*individualisme* en lui opposant le *césarisme* et en l'enserrant dans les mailles du fonctionnarisme et du centralisme.

« Les Français, disait-il, il leur faut de la gloire, les satisfactions de la vanité ; mais la liberté, ils n'y entendent rien. » Pour comprimer les aspirations révolutionnaires sans cesse renaissantes, il créa la Censure, la Haute-police et l'Université. Pour assouvir dans les nouvelles sphères dirigeantes la soif de l'individualisme insatiable, il reconstitua tous les corps de l'État avec des titres aussi pompeux que ceux de l'ancien régime.

Dans l'ordre militaire en particulier, tous les anciens compagnons du général Bonaparte devinrent princes, ducs, comtes, barons, maréchaux de France et reçurent des dotations considérables. Ce fut donc par la séduction, le favoritisme, le despotisme et même la délation que le

---

(1) « Toutes les énergies humaines étaient exaltées au plus haut degré par suite de la tension continuelle des âmes. Les mauvaises passions l'emportaient encore sur les bonnes. C'était, parmi tous les parvenus du nouveau régime, une véritable frénésie du plaisir, un appétit furieux de l'argent, l'indélicatesse, le mépris de la loi et de la justice, chez des hommes habitués à voir le dernier mot rester toujours à la force ; enfin le sentiment même de la Patrie corrompu par la servilité à l'égard du maître, détruit par ces guerres continuelles qui bouleversaient toutes les frontières et amalgamaient tous les peuples. » — Jallifier et Vast, *Histoire contemporaine*, p. 215.

(2) « Avec Bonaparte, l'armée d'Italie se transforme. Il offre à ses soldats de riches terres à occuper, des villes opulentes à piller. Au sentiment de l'honneur va se joindre l'amour du butin. L'armée devient une carrière où l'on s'enrichit. Bonaparte régularise le pillage, encourage lui-même les exactions de ses lieutenants, pour les tenir à sa discrétion. Les soldats se donnent corps et âme au chef qui les nourrit. Aussi, avec leur aide, il détruira la République. Il obtiendra d'eux un trône. » — *Même livre*, p. 125.

nouveau César voulut assurer son absolutisme gouvernemental ayant comme assise principale, une armée tout
entière exaltée par le génie incomparable de son chef.

Mais si cette armée, dans la masse de ses rangs inférieurs, ne rêvait d'autre gloire que celle de combattre
pour son empereur, il n'en était pas de même des échelons supérieurs du commandement, où l'esprit de liberté
(avec la passion de l'égalité) avait revêtu la forme de
l'individualisme. L'empereur ne l'ignorait pas et lui-même,
craignant pour les fleurons de sa couronne de gloire, ne
vit le salut que dans une discipline despotique ou la
flatterie des appétits.

L'esprit militaire, de « patriotisme national » qu'il
était avant 1796, s'était transformé en « patriotisme conquérant ». Si l'empereur avait voulu se consacrer uniquement aux intérêts de la nation, il ne l'aurait pu.
L'Europe était toujours frémissante du bruit des armes ;
ses généraux, qui souvent aussi étaient ses rivaux ; ses
soldats eux-mêmes étaient avides de nouvelles victoires. Il
avait augmenté et réorganisé son armée, il fallait à ces
nouvelles légions le baptême du feu ; c'est avec elles qu'il
porterait à travers l'Europe la pompe et le faste de
l'Empire (1).

× ×

Déjà pendant les guerres d'Espagne, l'absolutisme militaire avait porté ses tristes fruits ; la campagne de 1812
vint accentuer les défauts du système. Sans aucun doute,
l'empereur dut se rendre compte de l'impossibilité dans
laquelle il se trouverait de diriger seul des troupes aussi

---

(1) « Après sa campagne de 1812, il fit cet aveu : « Alexandre
» et moi, nous étions comme deux coqs prêts à nous battre
» sans savoir pourquoi. » — Thiers, *Histoire du Consulat et de
l'Empire.*

nombreuses, sur un aussi vaste échiquier. Dans la suite, cette impossibilité ne fit que s'accroître, car il se trouva en présence d'adversaires instruits par les revers et connaissant la valeur personnelle des généraux français. C'est alors qu'il aurait dû compter sur le concours éclairé de ses lieutenants ; mais ce concours lui manqua parce qu'il avait trop habitué ses subordonnés à n'avoir d'autre conception que la sienne, à n'exécuter que des ordres minutieusement détaillés ne laissant aucune latitude aux exécutants (1). Sous l'œil du maître, ces hommes étaient d'une bravoure héroïque ; abandonnés à eux-mêmes, l'initiative leur faisait défaut (2) : *l'absolutisme, opposé à l'individualisme*, avait tué chez eux cette précieuse qualité militaire. L'histoire nous apprend qu'en ces moments aussi leur individualité se révélait par ses mauvais penchants : la vanité, la jalousie, la présomption et l'absence de camaraderie. Enfin, après avoir obtenu toutes les faveurs, et n'ayant plus rien à espérer ; après avoir été presque tous des conspirateurs, plusieurs d'entre eux (en 1813 et 1814) saisirent avidement l'occasion de ne plus paraître sur le champ de bataille.

« Le plus beau triomphe de Napoléon, lisons-nous dans le livre d'histoire contemporaine de MM. Jallifier et Vast (3), est peut-être d'avoir su se faire obéir de ses maréchaux. En son absence, les haines se donnaient libre carrière. Elles ont entravé bien des succès. Lors du siège de Gênes, Suchet et Soult cherchent à desservir Masséna

---

(1) Napoléon écrivait le 4 février 1806 : « Ecoutez ponctuellement vos instructions. Pour le reste, moi seul je sais ce que je dois faire. »

(2) « Il fit de ses généraux des instruments passifs, en élevant constamment la prétention de tout diriger lui-même et d'assumer toutes les responsabilités. Quiconque commande de la sorte tue chez ses subordonnés tout esprit d'initiative. » — Yorck de Wartenbourg, *Napoléon chef d'armée*, t. II, p. 275.

(3) *Livre déjà cité*, p. 216.

et le calomnient auprès de Napoléon. Bessières et Murat sont brouillés avec Lannes depuis que Murat, rival de ce dernier, a épousé Caroline Bonaparte ; Lannes se venge de Bessières à Essling en lui donnant l'ordre, comme à un novice ou à un lâche, de *charger à fond*.

» Gouvion Saint-Cyr ne veut obéir ni à Victor, ni à Oudinot, dont il conteste le mérite. Il quitte l'armée, alléguant des blessures à soigner, pour ne pas céder. En Espagne, Victor refuse de venir au secours de Soult, et Soult, au secours de Masséna. Celui-ci est véritablement trahi par ses lieutenants, Ney, Junot, Reynier, et ne peut, à cause d'eux, mener à bien la difficile campagne de Portugal. Vandamme critique tout le monde et quoi qu'on fasse. Macdonald, Marmont ne songent qu'à se faire valoir. Bernadotte reste frondeur, même en face de Napoléon. A deux reprises, pour sa conduite à Auerstædt et à Wagram, il eût mérité d'être traduit devant un conseil de guerre. Il n'hésita pas à trahir son pays, pour la couronne de Suède. Entre les officiers de même grade, les duels étaient fréquents et acharnés. Si l'un des adversaires recevait un avancement avant que la querelle fût terminée, il attendait, pour s'aligner sur le terrain, qu'une promotion accordée à son rival supprimât les distances et permît la rencontre. Telle était la camaraderie entre la plupart des grands chefs ; mais ils tremblaient tous devant Napoléon. »

× ×

Nous avons vu, dans la première partie des guerres qui ont suivi la Révolution, l'amour de la liberté, non encore dévoyé et joint au patriotisme, imprimer à l'esprit militaire un remarquable essor. L'armée française était l'image de la nation. Dans la seconde partie, nous voyons l'absolutisme impérial, tantôt en opposition avec l'individualisme par la centralisation et le fonctionnarisme inquisiteur, tantôt lui faisant des concessions comme l'introduction du remplacement — lequel ne cessa d'être en vigueur qu'après 1870 — et le développement du favoritisme, par la création d'une nouvelle noblesse militaire, provoquer l'indécision, le malaise et enfin la décadence des vertus militaires.

Il en fut de même dans tout l'organisme social et politique : « Quelle contrainte insupportable il exerce, de quel poids accablant son arbitraire pèse sur les dévouements les plus éprouvés et sur les caractères les plus assouplis, avec quel excès il foule et froisse toutes les volontés, jusqu'à quel point il comprime et il étouffe la respiration de la créature humaine, il le sait aussi bien que personne (1). »

Ces vingt-cinq années que la France venait de passer dans le métier des armes et sous la haute action d'un pouvoir central omnipotent avait détruit ce qui pouvait rester encore de l'esprit particulariste, générateur d'initiative, importé autrefois en Gaule par les Francs.

Le retour à l'organisation centraliste des peuples anciens avait été accompli par la chute de la féodalité et l'établissement de la royauté. A son tour, la Révolution échoue dans ses principes les plus importants. Le peuple, considéré dans son ensemble, devient plus que jamais un instrument du pouvoir dont, désormais, il attendra et subira toutes les impulsions. D'autre part, et par une singulière antithèse, l'individu vivra dans l'illusion ou le rêve d'une liberté plus grande, alors qu'il sera d'autant moins libre qu'il sera plus isolé, en face du nouveau système d'absolutisme. Dès lors, renaîtra en lui le sen-

(1) Taine, *Le régime moderne*, p. 88, t. I.

timent de la révolte et souvent ce sentiment gagnera rapidement la masse (1).

× ×

L'histoire philosophique de la France, depuis la Révolution jusqu'en 1870, pourrait se résumer en ces quelques mots : d'un côté l'individualisme avec tout son cortège de vices sociaux, cherchant à profiter de toutes les faiblesses des gouvernements, quels qu'ils fussent, pour absorber petit à petit tout ce qui, dans l'ordre moral, politique et économique, fait la force des collectivités. D'un autre côté, des gouvernements qui, prétendant, croyant même, travailler au bien réel de la nation, s'individualisaient eux-mêmes par le souci d'acquérir une popularité illusoire, ou des profits purement matériels. Pour édifier le piédestal de leurs ambitions, ils avaient recours tantôt à la flatterie vis-à-vis des partis politiques et des tendances sociales du peuple, tantôt au césarisme par l'action du fonctionnarisme et de la centralisation à outrance, chacun a son tour comprimant les consciences, sous prétexte d'unité morale.

« Ce qu'il faut retenir, dit M. Georges Picot, c'est que chaque gouvernement a cru de bonne foi, lorsqu'il se sentait le maître du pays, qu'il accomplissait son devoir, et qu'en suspendant la liberté individuelle il assurait le salut public (2). »

Depuis la Révolution, ces deux courants de passions opposées — individualisme et césarisme — se sont cons-

---

(1) « Il n'est pas aisé, après avoir soulevé les vagues profondes de la conscience humaine, d'en calmer les agitations. » — E. Denis, *L'Allemagne de 1789 à 1810*, p. 29.

(2) *Les garanties de nos libertés*, par G. Picot, de l'Académie des sciences morales. — *Revue des Deux Mondes* du 15 juillet 1903, p. 245.

tamment disputé le cœur de la France. C'est ce qui a permis à un écrivain français de dire sous une forme un peu excessive, mais frappante : « Nous n'avons connu l'ordre que sous la verge du despotisme, et la liberté que dans les débauches de l'anarchie (1). »

Mais il faut remarquer que ces deux courants, quoique opposés, ne sont pas contraires dans leur origine ; ils émanent de la même soif de domination. D'une part l'individualisme personnel et l'individualisme de classe, d'autre part l'individualisme gouvernemental : absolutisme, césarisme autoritaire, césarisme égalitaire ou démocratie autoritaire.

Toutefois, la pénétration de ces deux courants dans tous les centres vitaux de la nation a laissé de nombreuses échappées par lesquelles l'initiative privée, insouciante de l'intérêt moral collectif, a pu se faire jour et se développer. La prospérité scientifique, artistique, industrielle et commerciale de la France, à travers toutes les vicissitudes politiques en est une preuve indéniable. Il se produisit également d'heureuses, mais trop passagères réactions qui rappelèrent momentanément aux esprits égarés les réalités de l'existence humaine.

Au surplus, la compétition des activités individuelles peut quelquefois et même souvent, surtout dans l'ordre matériel, aboutir à un certain rapport de coopération (solidarité organique). Enfin, la France ne manqua jamais d'intelligences actives et d'hommes éminents, véritablement dévoués à la patrie.

Ce que cette pénétration a atteint surtout, c'est le côté moral de la société, les piliers de l'ordre social, c'est-à-dire les corps constitués et les sociétés politiques ou économiques.

____

(1) *Vie de Louis Veuillot,* t. II, p. 209.

× ×

Nous avons signalé plus haut que *l'éducation* n'avait pu progresser parallèlement à l'instruction, à cause même de la mise en pratique de certaines doctrines de la Révolution. Dans la suite, l'instabilité des lois d'enseignement fut le reflet de l'instabilité politique et de l'absence d'unité de vues.

« Dans l'établissement d'un corps enseignant, avait dit Napoléon, mon but principal est d'avoir un moyen de diriger les opinions politiques et morales ». Ces paroles ne furent point oubliées et les gouvernements qui se succédèrent après lui firent une application absolue du principe, en s'emparant de l'*Université* pour l'employer à leur profit. Il en résulta que les deux moyens de formation de la jeunesse, c'est-à-dire l'instruction et l'éducation, après avoir agi plus ou moins de concert sous la contrainte de l'empereur, ne tardèrent pas à se poser en adversaires. Dans cette lutte, tous les efforts tendirent bientôt au seul développement de l'instruction et aucun genre d'école n'échappa à cette erreur (1).

---

(1) « Le jeune homme doit se préoccuper, en premier lieu, de la culture et du développement de ses facultés morales, parce que ce sont celles qui importent le plus à la formation de son individualité, parce que ce sont celles aussi dont notre enseignement public se soucie le moins. » — Paul Doumer, *Livre de mes fils*, p. 102.

Ainsi s'exprimait, il y a quelques années, un orateur de la chaire, à l'occasion d'une distribution de prix : « Un des grands travers de l'éducation en France est de négliger la formation, la culture, l'exercice de l'*initiative* : ou bien elle livre la jeunesse à elle-même sans frein, sans règle ; ou bien elle n'a cure que de la discipliner, sous un joug dans l'obéissance aveugle et passive. Il faudrait pourtant se souvenir que l'homme étant, par essence, un être de libre initiative, il importe de lui apprendre à user de sa liberté, et puisqu'il est capable de se résoudre par lui-même, il conviendrait de lui enseigner, par des actes répétés, encore plus que par des paroles, à se résoudre délibérément et en pleine conscience indépendante. » — P. Didon.

« Le vice général de notre système d'enseignement a été la prédominance de la conception intellectualiste et rationaliste, héritée du siècle dernier, et qui attribue à la connaissance scientifique un rôle exagéré dans la conduite morale. »

« Par le malheur des circonstances et par la maladresse des hommes, la politique a dominé dans les questions d'enseignement ; les intérêts moraux des enfants, des maîtres eux-mêmes ont été trop sacrifiés aux intérêts de parti (1). »

De cet état de choses il résulta que le caractère général de la nation finit par se manifester, sous la seule forme d'une éducation politique, constamment ébranlée par les succès ou les revers des partis et sans autre mobile que l'intérêt personnel et l'arrivisme.

« Comme tout le reste en notre siècle et en notre pays, dit M. A. Fouillée, l'éducation est demeurée à l'état inorganique et a souffert d'un excès d'individualisme (2). »

C'est ainsi que le vice des méthodes d'enseignement fut tout à la fois une cause et un effet de la succession frivole, inconsidérée, des coups d'Etat et des révolutions (3). D'un autre côté, les partis politiques se multipliaient, se diversifiaient sans mesure et détruisaient tout lien social en se déchirant entre eux. Quoi d'étonnant, dès lors, à ce que les différentes formes de gouvernement se soient renversées avec la même désinvolture, avec la même soif de domination, avec la même insouciance quant à l'avenir de la nation !

----

(1) A. Fouillée, *La France au point de vue moral*, p. 162 et 166.
(2) *Ibid.*, p. 341.
(3) « Les républiques ont péri par des coups d'Etat (18 brumaire, 2 décembre) ; les monarchies par des révolutions (1792, 1830, 1848) ; les dominations napoléoniennes par des invasions (1814, 1815, 1870). » — **Jallifier et Vast**, *Histoire contemporaine*, p. 636.

De prime abord, ces révolutions, débutant quelquefois par de simples émeutes, paraissent toutes avoir été dirigées uniquement contre le parti au pouvoir. Il en est, cependant dont la cause principale pourrait, *à priori*, être qualifiée de protestation contre l'application outrée de certains principes de la Révolution — tel l'individualisme — et parmi ces causes il me paraît possible de ranger les doctrines du socialisme. Mais au-dessus de ces doctrines, au-dessus même des aspirations légitimes des masses populaires, émerge le *socialisme matérialiste*. Celui-ci, par des théories dont il exclut toute idée morale (1), tend à individualiser le prolétaire vis-à-vis de son semblable et le prolétariat vis-à-vis des autres couches sociales (2).

Ainsi entendu, le socialisme est un continuateur de l'individualisme ; il ne peut être que nuisible au « patriotisme national » et à l'esprit militaire en général ; c'est un dissolvant de la vraie morale sociale sans laquelle une armée nationale ne peut maintenir, dans son sein, l'idée concrète de solidarité qui doit unir tous les échelons de la hiérarchie.

De 1830 à 1840, des insurrections ouvrières éclatèrent à Paris et à Lyon. Elles furent continuées par la révolution de 1848 et la mise en pratique de certaines doctrines uto-

---

(1) « Le grand mal du socialisme actuel, c'est qu'il n'a pas pour fond, comme le puritanisme, ou même le catholicisme de la ligue, un principe moral, l'idée d'une réforme intérieure et personnelle de la volonté et du cœur. Il n'est qu'un système et une ligue à l'usage des appétits, de l'envie et de toutes les passions destructives. » — H. Taine, *Correspondance*, t. III.

(2) « Comme homme de réalisation et de progrès, je répudie de toutes mes forces le socialisme vide d'idées, impuissant, immoral, propre seulement à faire des dupes et des escrocs... » — Proudhon, *Lettre à Villegardelle*.

Je cite à dessein ces deux opinions, la première d'un éminent historien positiviste, la seconde d'un célèbre publiciste du socialisme français, afin de dégager mon appréciation de toute préoccupation politique.

piques du socialisme. Celles-ci ne tardèrent pas à montrer le néant sur lequel elles sont édifiées ; mais qu'importe, le ferment de discorde avait accompli son œuvre.

A cette même époque, *la littérature, aidée par la diffusion du journalisme*, prit un développement considérable et propagea les idées les plus contradictoires. Je ne pourrais mieux exprimer ma pensée, à ce sujet, qu'en citant l'extrait suivant du livre de M. A. Fouillée, *La France au point de vue moral*, p. 26 :

« Grâce au travail trop négatif des générations qui nous ont précédés, ce n'est plus une idée qu'on nous propose aujourd'hui, ce sont mille idées contradictoires. Dès l'école et le collège, le jeune Français les voit défiler en foule bariolée, si bien qu'il ne peut asseoir ses convictions ; plus tard, il assiste à la mêlée de toutes les opinions dans la presse. Les uns lui prêchent le *culte du moi* ; les autres la *lutte des classes*, la *haine créatrice* qui n'est que l'envie en action. Le travail lui est représenté comme un mal nécessaire, que chacun doit diminuer le plus possible en rejetant le fardeau sur les épaules de tous. En haut comme en bas, la préoccupation des intérêts matériels lui fait croire que la question d'argent est la question par excellence. »

Reportons ce tableau, plus ou moins atténué, aux années qui ont précédé la guerre de 1870 et nous serons, je pense, bien près de la vérité.

Or, il me paraît indiscutable que, dans les temps modernes, le soldat et même l'officier ne prennent, à l'armée, que peu ou point un esprit absolument nouveau ; mais qu'ils y apportent l'esprit de la société en général et l'y conservent par leur contact incessant avec celle-ci.

« Jamais, dit M. G. Cavaignac (1), le lien entre l'état

---

(1) *La formation de la Prusse contemporaine.*

social, politique, intellectuel des peuples et leur état militaire n'a été plus sensible qu'au xixe siècle. Jamais n'est apparu, d'une façon plus claire, le rôle que jouent les éléments purement moraux, dans la puissance et dans les succès militaires des nations. »

× ×

Sous la Restauration, dans l'armée, comme dans la nation tout entière, se firent jour les jalousies et les haines des impérialistes, des royalistes et des républicains.

« Rien, dit le maréchal Gouvion Saint-Cyr, ne pouvait faire entendre raison aux fanatiques, soit qu'ils fussent de bonne foi, soit que leur patriotisme ne fût qu'un masque hypocrite pour couvrir leur domination ; cette classe se trouvait dans la même position que les militaires de tout grade qui ont défendu le territoire français sous la République et sous l'Empire et qui éprouvent des fanatiques du jour les mêmes soupçons, les mêmes attaques, en attendant qu'ils aient acquis assez de force pour leur faire subir les mêmes persécutions. Ces modernes jacobins exploitent aujourd'hui la légitimité, comme leurs devanciers exploitaient la souveraineté du peuple. »

Les événements de 1830 prouvèrent que dans les rangs inférieurs de l'armée l'esprit était le même que dans les sphères supérieures de la hiérarchie.

« L'existence de la garde n'empêcha pas la chute de la royauté ; elle y contribua plutôt dans une certaine mesure. Les régiments de ligne, appelés en l'absence d'une grande partie de la garde à comprimer cette émeute qui, suivant l'expression du duc de Raguse, devint une révolution, ne se crurent pas obligés de défendre des princes qui s'étaient choisi des défenseurs privilégiés, et quelques-uns passèrent au peuple. Les régiments de la garde qui se trouvaient à Paris se firent héroïquement tuer devant les barricades ;

mais une fois la retraite commencée sur Rambouillet, les colonels n'osèrent plus répondre de leurs hommes, dont la désertion éclaircissait les rangs (1). »

Sous le gouvernement de Juillet, les mêmes faits se reproduisirent. Les généraux et un grand nombre d'officiers subalternes de la Restauration furent mis à la retraite ou donnèrent leur démission, tandis qu'on rappela bon nombre d'officiers « en réforme ».

Dans toutes les administrations, le favoritisme politique fut également la règle de conduite des gouvernants. Ces divisions, qui existaient également dans le peuple, ne pouvaient manquer d'atteindre les rangs inférieurs de l'armée.

Les événements de 1848 — quoique l'armée ait été maintenue assez bien dans le devoir — montrèrent une fois de plus que l'armée de l'ordre peut, par la faiblesse de son état moral, devenir rapidement l'instrument du désordre.

C'est à ce moment que le neveu du grand homme, le prince Louis Napoléon, apparut aux esprits conservateurs comme le symbole légendaire du salut commun. Il ne tarda pas à donner la mesure de son ambition et ce fut l'armée malheureusement qui le conduisit sur les marches du trône.

Tous ces faits réunis justifient pleinement cette pensée du général Thoumas :

« Mais c'est là le malheur d'un pays ballotté par les révolutions d'un régime à un autre. On se fait un honneur vis-à-vis d'un gouvernement d'avoir trahi le gouvernement précédent et l'on ne juge plus les actions au point de vue de leur moralité absolue, mais dans leur rapport avec la passion politique. »

J'ajouterai enfin : Une armée qui se fait l'instrument

____

(1) Général Thoumas, *Les transformations de l'armée française*, t. II, p. 628.

tantôt des révolutions, tantôt des coups d'Etat, perd, en même temps que toute force morale, la confiance de la nation ; elle n'est déjà plus, ou ne peut devenir, surtout dans les hautes sphères de la hiérarchie, que la proie du favoritisme et de l'individualisme.

× ×

A la veille de ceindre la couronne, Napoléon III s'était écrié : « L'empire, c'est la paix ! » (1) Peut-être était-il sincère ! Mais il fut dominé par la tradition napoléonienne, pouvoir occulte qui l'incita à vouloir replacer la France à la tête des nations. Pour ce faire, il envoya l'armée guerroyer partout, et de partout (2) le drapeau français revint couvert de lauriers.

Une grande prospérité matérielle, due au capitalisme à grand développement, accompagna les succès militaires ; ces faits ne pouvaient manquer d'enorgueillir la nation qui se crut, une fois de plus, appelée aux plus hautes destinées.

La campagne de 1859, qui fut en quelque sorte le couronnement de cette brillante chevauchée, eut surtout pour effet d'endormir l'activité de ceux qui avaient la charge de veiller aux progrès des institutions militaires.

Cependant, des défauts d'organisation furent constatés et l'on pensa bien un peu à y porter remède ; mais on ne s'aperçut pas de la véritable cause des succès de l'armée. On s'en attribua tout l'honneur, sans remarquer qu'ils étaient dus plutôt à l'inertie d'adversaires imbus d'un esprit exclusivement défensif et conduits eux-mêmes par

---

(1) Napoléon Ier avait dit aussi : « La Révolution est finie! »
(2) « De 1855 à 1870, la France fit six fois la guerre. Hors d'Europe : Syrie, Chine, Cochinchine, Mexique; en Europe : Crimée, Italie. » — Jallifier et Vast. Ouvrage déjà cité.

des chefs dont le prestige était miné par l'intrigue et le favoritisme.

Où le capitaine Dragomiroff ne vit qu'initiative et énergie, il n'y avait que l'individualité impulsive et primesautière du soldat français trop habitué à vaincre, malgré l'absence de l'enthousiasme qu'engendre une cause chère à la mère patrie et l'individualité des chefs infatués de lauriers cueillis sur les champs de bataille d'Algérie, de Crimée, de Chine et d'Italie, considérablement amplifiés par le journalisme et les déclamations officielles.

« La guerre d'Afrique, dit le général Thoumas, entretint, dans une certaine mesure, l'esprit militaire, mais elle en développa les mauvais côtés au moins autant que les bons. Il se forma, dans les différentes provinces, des sociétés d'admiration mutuelle, on pourrait ajouter de dénigrement réciproque ; on apprit à enfler les bulletins.

. . . .

« Le désir de se distinguer au-dessus des autres fut tel que l'on vit des généraux chargés de contenir l'ennemi pendant que d'autres colonnes devaient le tourner et l'envelopper, attaquer quand même et faire avorter la manœuvre, en disant qu'ils n'avaient pas l'habitude de rester l'arme au pied devant l'ennemi. »

Ne voit-on pas dans ces paroles du général Thoumas la preuve que l'initiative dans l'armée française n'était qu'un produit de l'individualisme et non cette *initiative intelligente, soumise, quant au but à atteindre, à l'idée générale et à la cohésion des efforts !*

Des faits analogues se sont présentés pendant la campagne d'Italie et les dangers de cet individualisme, de cette initiative singulière, n'échappèrent pas complètement au capitaine Dragomiroff. Il en témoigne lorsqu'il écrit : « Les batailles de 1859 sont des batailles de soldats et non des batailles de généraux... Qu'arrivera-t-il si l'on va trop loin dans cette voie.... Cette méthode d'éducation est incomplète, particulière et, par là, sujette à de très graves inconvénients. »

× ×

Tout en France, à cette époque, semblait pouvoir se résoudre en parties de plaisir ; l'armée croyait se préparer suffisamment aux batailles futures par de simples promenades militaires, et l'on voulait — qui sait ! — faire la guerre pour l'art, par dilettantisme !

Pendant que la nation reposait sur ses vains lauriers, l'individualisme marchait toujours. Malgré les atteintes portées aux idées françaises de liberté, peut-être même stimulé par les coups qu'on voulait lui prodiguer, l'individualisme poursuivait avec passion le fantôme de la liberté et de l'égalité absolues et n'aboutissait qu'à « l'anéantissement de tout respect dans la hiérarchie sociale » ; dans l'armée, il laissait à peine subsister « le respect forcé, le respect de garnison, maintenu par les règlements et les pénalités (1) ».

Le patriotisme n'était plus, comme aux premiers temps de la Révolution, l'union des cœurs dans un ardent amour du sol natal ou bien encore la générosité de tout un peuple portant au loin la liberté dans les plis de son drapeau, ni même le patriotisme conquérant du premier Empire ; mais bien le chauvinisme de toute une nation se croyant appelée à régler les différends qui surgissaient dans le monde entier. Ce sentiment se révélait, dans les esprits les plus élevés et les plus généreux, mais aussi un peu vaniteux,

---

(1) Général Trochu, Œuvres posthumes, *Les respects dans les armées.*

par l'idée d'un rôle mondial exclusivement réservé à la France (1).

Dans certain parti d'opposition, l'esprit militaire était constamment battu en brèche par les théories de l'internationalisme ; l'armée était qualifiée d'armée prétorienne et l'on en demandait la suppression. Ce parti, avec ses idées de paix universelle, gagnée au prix d'une révolution universelle, avait des adeptes jusque dans le corps d'officiers. D'autre part, une nombreuse « littérature » historique, romanesque, dramatique, ridiculisait, dénaturait ou rendait odieux aux yeux du peuple français le sentiment patriotique ; c'était amoindrir la grande personnalité de la nation, cette forme concrète du lien social et des devoirs qu'il implique.

Autour du trône impérial, la flatterie et le favoritisme n'avaient plus de limites : « Chacun visait à l'évidence, plus personne ne se croyait à sa place, tout devenait matière à piédestal (2). » Les généraux profitaient de toute occasion pour se faire aduler dans la presse et les discours officiels ; « l'honneur du devoir accompli ne suffisait plus, chacun voulait être le premier soldat de France (3) ».

N'était-ce pas aussi une forme de l'individualisme que le défaut de confraternité des différentes armes entre elles,

---

(1) « Les écrivains étrangers remarquent que la France, sous le second empire, grâce au despotisme et à la stagnation de la conscience publique, avait perdu le sentiment et de son vrai génie national et de ses intérêts nationaux. Toute la politique impériale, depuis la guerre de Crimée jusqu'à celle d'Italie et à celle du Mexique, ne fut-elle pas une longue suite de contresens psychologiques et sociologiques ? La France entière s'y associe, d'ailleurs, par ses illusions persistantes sur le caractère des divers peuples, sur les sentiments des étrangers à son égard, sur la domination que devaient exercer les idées françaises dans le monde entier. » — A Fouillée, *Esquisse psychologique des peuples européens*, Préface, p. II.

(2) Général Trochu, Œuvres posthumes. *La contrefaçon des respects.*

(3) Idem, *ibid.*

l'antagonisme funeste entre l'état-major et le commandement supérieur, et enfin l'absence de liaison entre les services spéciaux, le commandement et les corps de troupe !

Pour montrer que la grande majorité des officiers français souffraient du même mal, je citerai cette autre page du général Thoumas : « Mêlés à la vie commune, les officiers voyaient tout le monde chercher à s'enrichir et beaucoup y réussir...

» Ils devinrent donc forcément ambitieux ; la lecture de l'annuaire et le calcul de leurs chances d'avancement formèrent la base de leur instruction militaire, et tandis qu'à l'époque de notre entrée au service on aurait honni quiconque eût parlé de ces choses-là à une table d'officiers, elles y étaient devenues le sujet principal des conversations. L'étude était en défaveur, le café en honneur ; les officiers qui seraient restés chez eux pour travailler auraient été suspectés comme vivant en dehors de leurs camarades. Pour arriver, il fallait avant tout avoir un beau physique, une bonne conduite et une tenue correcte ; avec cela, dans l'infanterie, comprendre le service de l'officier comme celui du caporal et tenir correctement la main sur la couture du pantalon, les yeux fixés à quinze pas devant soi, en écoutant parler le colonel ; dans la cavalerie, réciter par cœur le littéral de la théorie et faire du *passage* dans la cour du quartier avec un cheval bien dressé ; dans l'artillerie, affecter le plus profond mépris pour les connaissances techniques... ; enfin, dans toutes les armes, *être recommandé !* Un nouveau fléau s'était en effet abattu sur l'armée et sur le pays : *la recommandation !...* (1) »

L'on a prétendu, et certains auteurs prétendent au-

---

(1) *Les Transformations de l'armée française*, t. II, p. 636.

jourd'hui encore, que si le haut commandement français de 1870 n'était pas à hauteur de sa tâche, il n'en était pas de même du soldat et de la masse des officiers subalternes. Les lignes qui précèdent, du général Thoumas, suffiraient à faire justice de cette appréciation ; mais pour en faire ressortir le peu de valeur, d'une manière plus élevée, j'ajouterai la citation suivante : « ... Chez les peuples civilisés... les mêmes forces qui forment de bonnes troupes placent aussi de bons chefs à leur tête. L'un ne va pas sans l'autre : d'où sortiraient, en effet, les généraux incapables qui auraient précédemment formé de bons soldats ? Le génie peut bien faire une exception ; il lui est même impossible de faire des choses considérables avec de mauvais moyens (1). »

× ×

La première partie de ma tâche me paraît terminée. Pour résumer les preuves de « l'action des mœurs et des institutions » sur l'esprit et l'organisation militaires de la France avant 1870, voyons en peu de mots quelles furent les conséquences de la pénétration profonde de l'individualisme dans les liens moraux de l'armée, ainsi que l'influence néfaste de l'absolutisme et du césarisme :

Le chauvinisme et les idées d'internationalisme rendaient incertain ou vaniteux le sentiment patriotique ;

L'instabilité des pouvoirs et les rancunes politiques animaient les malsaines espérances ; elles supprimaient la personnification une et indivisible de la Patrie, représentée par le drapeau national et la forme du gouvernement ;

Le favoritisme, de même que le particularisme excessif

---

(1) Baron Colmar von der Goltz, *Rosbach et Iéna.*

des armes, des services spéciaux, de l'état-major et du commandement, engendraient la jalousie, le manque de camaraderie et de confiance réciproque (1) ;

L'infatuation des chefs et sa contagion jusque dans les rangs inférieurs du commandement donnaient naissance à la paresse et à l'insouciance ;

Les désirs d'arrivisme, en présence des rapides fortunes de la bourgeoisie et des intrigants, troublaient l'esprit d'abnégation et de sacrifice (2) ;

Le défaut d'unité de vues et de principes quant à la culture morale de la jeunesse et la prédominance de l'instruction sur l'éducation produisaient l'absence d'harmonie des esprits et des cœurs ;

La soif d'égalité, les flatteries du pouvoir et le service à trop long terme imprimaient au soldat un caractère singulier où dominaient l'indiscipline et l'oubli des respects (3).

Enfin, comme indice de la défiance vis-à-vis de l'autorité ou comme fruit de tradition, s'accomplissait l'œuvre de réaction absolutiste ou césarienne : un fonctionnarisme inquisiteur et une centralisation à outrance absorbaient tous les rouages de l'organisation ; en sorte que, dans l'armée comme dans tous les organismes sociaux et poli-

---

(1) « Les généraux, jaloux les uns des autres, prêts à s'abandonner au jour du danger, et dont un souverain malade et sans prestige ne peut comprimer par la crainte les rivalités. » — Général Du Barail.

(2) « L'ambition avait troublé toutes les têtes ; on allait mendier son avancement, comme le gueux mendie son obole. Le désintéressement avait disparu comme la dignité ; les appétits matériels de la société pénétraient par tous les pores. » — Général Ambert.

(3) « L'individualisme français se manifeste trop souvent sous la forme d'une révolte contre la règle collective ; la liberté devient alors facilement indiscipline et même licence. » — A Fouillée, *Esquisse psychologique des peuples européens*, p. 478.

tiques, chacun empiétait sur la liberté des autres et le pouvoir sur la liberté de tous.

En résumé, toutes les vertus militaires — individuelles et collectives — qui sont la source et la sauvegarde de la vertu d'initiative telle que nous l'avons définie, avaient pour ainsi dire disparu dans la tourmente des passions et l'âpreté des discordes politiques et sociales.

Est-ce à dire qu'il n'existait plus en France, à cette époque, que des hommes oublieux de leurs devoirs, des officiers incapables de conduire la troupe au feu et des soldats indignes du passé glorieux de la France !... Non, sans doute, car l'histoire de cette guerre nous fait voir de nombreux actes de courage et de bravoure accomplis dans les rangs supérieurs comme dans les rangs inférieurs de l'armée.

D'autre part, dans les sommets de la hiérarchie, des hommes clairvoyants, aimant leur pays, avaient osé proclamer la vérité. En effet, le maréchal Niel, devenu ministre de la guerre après les événements de 1866, voulut doter son pays d'une armée plus solide, plus nombreuse et mieux organisée. Il succomba à la tâche, en butte aux intrigues de cour, ainsi qu'à l'opposition et à l'insouciance de la représentation nationale. Le général Trochu également, dans un ouvrage célèbre : *L'armée française en 1867*, jetait l'alarme et touchait du doigt presque toutes les erreurs qui devaient conduire la nation au désastre. Enfin, le colonel Stoffel, attaché militaire à Berlin, terminait ainsi l'un de ses remarquables rapports : « En Prusse, nation et armée révèlent un esprit, une énergie, une discipline, une instruction qui en feront pour nous, le cas échéant, les plus redoutables adversaires. »

Mais que pouvaient la clairvoyance et l'abnégation de quelques-uns contre l'aveuglement et l'apathie du plus grand nombre !...

Et c'est ainsi que s'acheminaient vers l'année terrible :
l'armée et le peuple inconscients, bercés d'illusions ou
poussés par une espèce de fatalisme, les pouvoir emportés
par l'emphase des discours et la vanité de esprits !

III

Pourquoi l'initiative avait pu prendre un si grand essor dans l'armée allemande.

SOMMAIRE : Dualisme du caractère germanique. — Influence des idées de la Révolution sur le caractère germanique. Défaillance de l'esprit national en Allemagne. Violences de l'occupation française. Renaissance de l'esprit national. — Comment la Prusse prit la tête du mouvement pangermanique. La Prusse fait elle-même *sa Révolution*. La guerre de délivrance. Les rivalités de l'Autriche et de la Prusse. Progrès militaires et politiques de la Prusse. Progrès économiques. Le Zollverein. La campagne de 1866. — Le problème de *l'Education en Allemagne*. Kant. Fichte. Le baron de Stein. Idée pédagogique fondamentale. L'Association. Historique. Le Socialisme avant 1870. Influence de l'éducation et de l'association sur l'esprit militaire. — Comment l'initiative a pu prendre son essor dans tout l'organisme national. *L'unité d'action* au xviiie siècle. Frédéric II. Napoléon Ier. Le baron de Stein. La division et la coopération du travail dans l'armée allemande et dans tous les organismes sociaux et politiques.

× ×

C'est dans les déplorables conditions que nous avons exposées au chapitre précédent que les Français allaient rencontrer un adversaire inconnu pour eux, ayant mis à profit les leçons de l'infortune, emporté par le désir de resserrer les liens nationaux et par un sentiment patriotique adéquat au degré de civilisation et à l'état social de la jeune Allemagne, sortie des mains mêmes de la Révolution.

D'où venait cette armée aussi forte moralement que matériellement, où avait-elle puisé les vertus militaires qui sont la source de l'esprit d'initiative, voilà le second problème que je me propose d'étudier, en parcourant à vol d'oiseau (1) l'histoire de la nation germanique.

Mais avant d'aborder ce sujet je veux rappeler en quelques mots la signification de l'initiative, telle que je l'ai définie, et j'attire l'attention sur les deux principes que contient cette définition. C'est ce dualisme qui doit être la caractéristique de l'homme d'action dans une collectivité constituée comme l'armée : c'est-à-dire, en premier lieu, *le sentiment du moi dans un esprit libre et une âme consciente* ; en second lieu, *la soumission de ce sentiment à l'idée supérieure, au bien général*, avec la certitude que chacun fera son devoir pour tous.

× ×

L'histoire la plus ancienne de la Germanie révèle, d'une part, l'énergie avec laquelle le Germain revendiquait sa *liberté individuelle* (2) ; d'autre part, sa volonté de se montrer attaché, *fidèle à la collectivité, subordonné à l'idée sociale*.

Déjà dans les œuvres de Tacite nous trouvons ces deux particularités du caractère germanique ; il les dépeint comme suit : « Il y avait quatre classes d'individus : les rois et les princes, les hommes libres, les affranchis et la

---

(1) Ce « vol d'oiseau » paraîtra peut-être un peu long à certains lecteurs. Cependant, ceux-ci m'excuseront lorsqu'ils auront compris combien il est difficile d'entreprendre l'exposé, sous une forme spéciale, d'une période de l'histoire des Germains qui, depuis quelques années seulement, s'échappe des ténèbres où elle était restée enfermée, pour nous, étrangers. Seuls, les derniers ouvrages sur la matière, en langue française, témoignent de recherches approfondies et d'une documentation sérieuse, exempte du chauvinisme d'autrefois.

(2) C'est ce que beaucoup d'auteurs ont appelé et appellent encore l' « individualisme germanique » et qui m'a obligé à donner une définition de l'individualisme tel qu'on l'entend généralement aujourd'hui.

quatrième classe, que l'on ne peut appeler ni esclaves, ni même serviteurs, car elle n'était pas attachée, sans conditions au service du maître (1).

. . . .

» Les petites affaires étaient soumises à la délibération des chefs, les grandes à celles de tous. Un abus naissait même de leur indépendance : au lieu de se rassembler tous à la fois, comme s'ils eussent obéi à un ordre, ils perdaient deux ou trois jours à se réunir. »

Voilà la liberté individuelle !

» Quand l'assemblée paraissait assez nombreuse, ils prenaient séance tout armés. Les prêtres, à qui était dévolu le pouvoir d'empêcher le désordre, commandaient le silence. Ensuite, le roi ou celui des chefs que distinguaient le plus son âge ou sa noblesse ou ses exploits ou son éloquence prenait la parole et se faisait écouter par l'ascendant de la persuasion plutôt que par l'autorité du commandement. Si l'avis déplaisait, on le repoussait par des murmures ; s'il était approuvé, on agitait les framées. »

Voilà l'esprit social !

Qu'importe si cet esprit social ne se manifeste au début que lorsqu'il s'agit des choses de la guerre ; ce même esprit se révèlera lorsque, dans la vie militaire, le Germain passera à la vie civile.

---

(1) « Les esclaves, dit Tacite, n'ont pas, comme chez nous, des emplois distincts de la maison. Chacun régit par lui-même sa demeure, ses pénates. Le maître impose à l'esclave, comme au fermier, une certaine redevance en blé, en bétail, en vêtements et l'esclave n'obéit que jusque-là. »

Cette situation s'est modifiée, pendant les xve, xvie et xviie siècles, plutôt comme une évolution de la liberté vers la servitude, que de la servitude vers la liberté ; c'est-à-dire que la propriété noble s'est agrandie en même temps que les privilèges de la noblesse augmentaient, tandis que la petite propriété libre diminuait et que les conditions du paysan devenaient plus restrictives.

Si l'on s'en rapporte au savant ouvrage de Henri de Tourville, *Histoire de la formation particulariste ou l'Origine des grands peuples actuels*, ce dualisme ou antithèse du caractère germanique se constate comme cause ou comme manifestation d'une tendance naturelle, dans deux extensions parallèles de la race.

Les peuples germains odiniques, auteurs des premières invasions, vivaient du régime communautaire. Certains d'entre eux, après avoir traversé la Baltique et occupé la Suède, longèrent la côte méridionale de la Scandinavie et allèrent s'établir dans les fiords de la Norvège. Du régime communautaire ils revinrent tout naturellement, là-bas, au régime de la famille particulariste, chaque famille vivant dans son petit fiord, d'un terrain de culture et de la pêche qui l'entoure. Ce serait là l'origine d'une transformation importante des mœurs germaniques.

Le trop plein des Germains de Norvège émigra dans la plaine (Hanovre actuel) occupé par les Chérusques, laquelle devint plus tard la « Plaine saxonne », du nom des émigrants.

Là, commença ce mélange du régime communautaire et du régime particulariste. Dans la suite, celui-ci fut transporté en Gaule et en Angleterre par les émigrants saxons ; ces émigrants conservèrent ici leur nom originaire ; là, ils prirent le nom de « Francs ».

Après avoir conquis la Gaule, les Francs se retournèrent vers le Rhin, sur la rive droite duquel ils arrêtèrent les dernières tentatives d'invasion opérées par les Suèves, les Wagriens, et les Bavarois. L'Allemagne centrale, de la mer Baltique à la mer Adriatique, entre l'Elbe et le Rhin, comprenait donc les Saxons (plaine saxonne), les Suèves, les Wagriens, les Thuringiens et les Bavarois. Charlemagne soumit toutes ces tribus que les Francs occidentaux confondirent plus tard sous le nom commun d'Alamans, Allmans..., Allemands, après avoir porté le régime particulariste à celles de ces tribus qui vivaient toujours du régime communautaire.

Voilà donc le noyau de la future Allemagne constitué d'un mélange de Vieux-Germains communautaires et de Germains particularistes ; ceux-ci renforcent l'esprit de liberté individuelle et d'initiative personnelle, ceux-là conservent l'esprit d'association. Ces mœurs fondamentales furent transmises plus tard, vers l'est, aux pays germanisés ; elles furent conservées par les Francs de la rive gauche du Rhin.

Par leur genre tout à fait temporaire, les associations des Germains particularistes se distinguèrent des associations plus stables des Germains communautaires. Néanmoins, ces associations avaient un caractère commun : le compagnon n'était lié à son chef que par sa propre volonté, car il le choisissait lui-même ; le lien social était un engagement d'homme libre à homme libre. Il y avait donc là un mélange de *liberté individuelle* et de *subordination volontaire* qui fut la marque distinctive de tout le moyen âge germanique et subsista à travers les temps.

Tout à l'heure j'attirais l'attention sur les deux principes contenus dans ma définition de l'initiative ; je viens de montrer le dualisme du caractère germanique. On remarquera, dès maintenant, la corrélation qui existe entre ces dualismes ; ils ne sont, l'un et l'autre, que des applications de l'équilibre universel.

× ×

La civilisation romaine pénétra, à la surface, les institutions germaniques, grâce à un contact incessant pendant plus de quinze siècles ; mais, quant aux mœurs intimes des Germains, elles ne subirent pas une influence considérable. Il est à remarquer, par exemple, que l'idée sociale se borna pendant longtemps au cercle dans lequel beaucoup de tribus se renfermèrent, malgré les alliances temporaires imposées par les circonstances. Nous savons aussi que la féodalité subdivisa le territoire de ces mêmes tribus en un grand nombre de petits Etats indépendants les uns des autres ; ce n'était là qu'une extension du régime de la famille particulariste, ou une combinaison de celui-ci avec le régime communautaire. Enfin, c'est en vain que les empereurs, à différentes époques, aient voulu faire de l'Allemagne une monarchie unitaire ; le damier compliqué du Saint-Empire romain germanique, reconstitué par le traité de Westphalie, a subsisté jusqu'au congrès de Rastadt en 1797.

Néanmoins, nous dirons avec M. J. Cohen : « Sous l'Allemagne des royaumes et des duchés, presque constamment divisés et même en lutte, il y eut toujours, dans le moyen âge et dans l'âge moderne, une Allemagne intellectuelle, l'Allemagne des esprits, des cœurs et des intérêts, qui n'a cessé de poursuivre un idéal obstiné et s'est bâti dans l'ombre une patrie nouvelle, conforme à son génie et à ses espérances. Tandis que les rivalités des princes brisaient, à la surface, l'unité germanique ; tandis que les combinaisons de la diplomatie morcelaient arbitrairement le vieux sol germanique, le mouvement national agissait dans les profondeurs. Partout, les chants des poètes, la voix des penseurs, le dévouement des apôtres unifiaient les mœurs et entretenaient l'amour sacré du *Vaterland* (1). »

Il serait, sans aucun doute, éminemment intéressant de suivre pas à pas à travers l'histoire ce caractère pondéré de la race germanique, s'assouplissant suivant les temps

---

(1) J. Cohen, *Etudes sur l'Empire d'Allemagne,* p. 8.

et les circonstances, sans se modifier dans sa nature intime (1). »

Une étude analogue pourrait être faite au sujet des grandeurs sublimes et des dépressions profondes du caractère français lequel, tendant en toutes choses vers l'absolu, a fait de cette terre si féconde le champ d'expérience des plus nobles idées, des plus hautes aspirations de l'humanité, mais aussi le bouillon de culture de tous les germes destructeurs du travail édifié par l'homme moral.

Mais nous avons dit, dès le début, que nous bornions cette étude à l'époque comprise entre la Révolution et la guerre de 1870.

× ×

Nous avons montré à grands traits les effets pernicieux, pour le caractère français, de l'application erronée ou exagérée de certains principes de la Révolution ; voyons quelle fut l'influence de cette même révolution sur le caractère germanique.

L'idée d'une transformation de l'état social avait eu son temps de gestation en Allemagne comme en France. Mais si les encyclopédistes firent table rase de tout le passé pour édifier de toutes pièces un monde radicalement différent n'ayant d'autre souci que la réalisation des besoins

---

(1) « L'histoire intellectuelle et matérielle de l'Allemagne est, pour les philosophes, le plus frappant exemple, surtout depuis un siècle et demi, de la lente formation d'un caractère national et de sa manifestation par des actes.

Par une de ces antithèses qui font son originalité, le Germain combine son amour inné et superbe de l'indépendance avec un goût non moins inné de subordination hiérarchique et même d'humble soumission. » — A. Fouillée, *Esquisse psychologique des peuples européens*, p. 245 et 261.

individuels et purement .matériels (1), les écrivains allemands protestèrent en démontrant que l'histoire, comme l'analyse psychologique, révèlent en nous et dans la vie universelle des facultés distinctes qui n'agissent que par opposition ou en collaboration, pour constituer l'équilibre moral de l'homme et des sociétés. Lesdits encyclopédistes, en se préoccupant de l'affranchissement de l'homme, voulurent l'émanciper de toute autorité pour trouver la liberté en dehors de toute loi, de toute règle et de toute discipline (2) ; ils poussèrent la nation dans cette voie en accordant une prépondérance à l'instruction sur l'éducation (3) ; en séparant pour ainsi dire ces deux moyens de formation du caractère, afin de laisser prédominer l'instinct, la nature (4). Les penseurs allemands, eux, voulurent que l'usage de la liberté se conciliât avec la loi de l'ordre et du devoir (5) ; ils firent prévaloir que l'on doit accoutumer, de bonne heure, l'enfant à se gêner

---

(1) « Comme Rousseau prenait pour point de départ son homme solitaire — un pur rêve — les moralistes du xviiie siècle prenaient pour point de départ un égoïsme fermé et exclusif, qui n'est pas moins chimérique ; leur but, c'était d'arriver à ce qu'ils appelaient la régularisation des égoïsmes. Ils ne sortaient pas de l'individu, pour lequel la société même devenait un simple moyen ; en un mot, ils ne concevaient que des fins individuelles, non des fins vraiment sociales et humaines. » — A Fouillée, *La France au point de vue moral*, p. 376.

(2) « L'homme vraiment libre ne veut que ce qu'il peut et fait ce qu'il lui plaît. » — J.-J. Rousseau.

(3) Voir *Revue des Deux Mondes* du 15 février 1895, p. 915. — F. Brunetière, « Instruction et Education ».

(4) Emile, a dit un éminent pédagogue contemporain, Emile est un enfant de la nature, élevé par la nature, d'après les règles de la nature, pour la satisfaction des besoins de la nature.

(5) « Un homme peut être physiquement très cultivé ; il peut avoir l'esprit très orné, mais manquer de culture morale et être un très méchant homme. Si de très bonne heure vous n'avez recours à la discipline, il sera très difficile ensuite de changer le caractère de l'homme qui suivra tous ses caprices. Le manque de discipline est un pire mal que le manque de culture. » — Kant. *Pédagogie.*

et à soumettre sa liberté (1) à une contrainte légitime déduite de la morale (2).

En France, la Révolution sapait les assises d'une royauté séculaire et centralisatrice ayant tout absorbé à son profit ; les ordres privilégiés y étaient asservis et vivaient en parasites. En Allemagne, le particularisme des princes et des peuples était resté comme une barrière aux tentatives de centralisation, et l'oligarchie féodale avait conservé une certaine indépendance vis-à-vis du prince, en même temps qu'un certain contact avec le peuple.

En France, toute la vie sociale s'était concentrée dans les grandes villes où l'esprit politique était acquis depuis longtemps aux idées nouvelles. Les apôtres de celles-ci s'étaient répandus au milieu du peuple des campagnes et ainsi avait été constituée, à côté d'une bourgeoisie plus éclairée, mais trop désireuse de s'élever dans la hiérarchie sociale, cette masse ignorante, habituée par la centralisation monarchique et tous ses abus, à n'être qu'un jouet dans les mains de ceux qui lui inspiraient momentanément confiance. Or, l'histoire le prouve : rarement la masse fut capable de sens pratique en politique ; presque toujours, elle se porta à des excès qui firent échouer ou dévier les meilleures causes. « Plusieurs millions de sauvages sont ainsi lancés par quelques milliers de parleurs, et la politique de café a pour interprète et ministre l'attroupement de la rue. D'une part, la force brutale se met au service du dogme radical. D'autre part, le dogme radical se met au service de la force brutale. Et voilà, dans la

---

(1) « Est pernicieux tout ce qui libéralise nos esprits, sans nous donner la maîtrise sur notre caractère. » — Gœthe.

(2) « La bonne éducation de la jeunesse est le premier fondement de la félicité humaine, et l'on réformerait le monde si l'on réformait l'éducation. » — Leibnitz.

France dissoute, les deux seuls pouvoirs debout sur les débris du reste (1). »

En Allemagne, l'élément rural (noblesse et paysans), plus habitué au self-government, constituait, pour ainsi dire seul, la vie sociale et la force de l'Etat. Malgré la disparition de la ligue hanséatique, les villes avaient conservé une existence particulière et elles n'exerçaient pas, comme les communes françaises, une influence prépon·dérante sur la politique générale et l'esprit de la nation. Quoiqu'il ne se fût jamais révélé des famines et des ruines causées par la guerre de Trente ans, le peuple en général était resté soumis et attaché à ses maîtres ; l'ancienne autorité patriarcale avait maintenu le principe hiérarchique. Au lieu de chercher sa force et ses profits dans les rivalités des deux principaux facteurs sociaux — la noblesse et le peuple — le pouvoir central était souvent intervenu comme conciliateur ; plusieurs princes même avaient introduit, dans les rapports économiques, des améliorations que l'on peut qualifier de judicieuses, si l'on se reporte à l'époque où elles virent le jour.

Cet ensemble de faits avait eu pour conséquence de maintenir un certain équilibre social et politique ; il s'ensuivit que la Germanie, tout en accueillant l'esprit nouveau avec faveur et même avec enthousiasme au début, ne se laissa pas, comme la Gaule, emporter sans frein par le courant.

Toutefois, l'absence de principe directeur dans la politique générale et la pauvreté de la littérature nationale à cette époque avaient favorisé la pénétration française. L'Allemagne rhénane surtout était devenue une proie facile pour les prophètes de la liberté et de l'égalité, favo-

---

(1) Taine, *L'Ancien régime*, p. 521.

risés d'ailleurs par le désarroi, le malaise qui s'était emparé des esprits cultivés.

En outre, vers la fin du xviiie siècle, la noblesse était tombée, en maint endroit, dans les excès de l'égoïsme ; il en était de même de la bourgeoisie des grandes villes. Là, le peuple pressuré payait de son dur labeur et de sa liberté les abus des classes supérieures.

Enfin, le particularisme outré des princes et des peuples fut une grande cause de faiblesse. Il permit aux armées françaises de la République, du Consulat et de l'Empire, de parcourir l'Allemagne en tous sens et toujours victorieuses, et à Napoléon, de se faire des alliés des princes et mêmes des peuples, par la force et la séduction.

× ×

Les excès auxquels s'abandonnèrent l'administration et les armées françaises provoquèrent la réaction qui devait faire renaître le patriotisme germanique.

La Révolution et ses armées ayant accompli leur œuvre, l'esprit de solidarité nationale sembla disparaître. D'une part, les principautés du Sud et de l'Ouest avaient été remaniées par Napoléon ; pliées plus ou moins à son système politique, administratif et financier, favorable au début aux chefs des nouveaux Etats agrandis et aux peuples affranchis, elles oubliaient les traditions de fidélité au Saint-Empire. D'autre part, la Prusse, présomptueuse et se réjouissant de l'abaissement de l'Autriche, se confinait dans son individualisme politique. Les désastres d'Iéna et d'Auerstædt furent la conséquence, pour cet Etat, non seulement de sa propre décadence morale, mais aussi de son défaut de patriotisme germanique et de l'absence du vrai sentiment national dans l'armée. « Le militaire prussien, disait Napoléon en 1808, insultait et maltraitait la bourgeoisie et le peuple, qui se sont

réjouis de sa défaite. Cette armée, une fois défoncée, a
disparu et rien ne l'a remplacée, parce qu'elle n'avait
pas la nation derrière elle. L'armée française n'est si
bonne que parce qu'elle est nationale (1). »

Mais toute médaille a son revers et Napoléon ne pensait
pas, sans doute, que cette terre allemande, piétinée par
lui sans merci, renaîtrait si tôt de son affaissement. Aus-
terlitz, Iéna, Friedland ! trois fois, coup sur coup, le glas
funèbre de l'Allemagne avait sonné : après l'armée de la
coalition austro-russe, l'armée du Grand Frédéric avait
été anéantie et, après celle-ci, s'évanouissait le dernier
espoir aux confins de l'Allemagne du Nord.

Jusque-là la guerre avait été considérée comme l'affaire
des princes et de leurs armées et non comme celle des
peuples, lesquels se figuraient que les Français n'arrivaient
qu'en libérateurs. Ceux-ci avaient la prétention d'apporter
la liberté et ils ne s'apercevaient pas qu'ils l'imposaient
par des moyens despotiques et arbitraires (2).

Tant que l'occupation française se contint dans les
limites fixées par le traité de Bâle et ne dépassa pas le
pays rhénan, on ne s'était guère ému. Mais, lorsque Napoléon étendit son action sur l'Allemagne centrale et sep-
tentrionale, l'appréhension d'une absorption complète par
l'étranger fit tressaillir le vieux sang germanique. Bientôt
aussi on s'aperçut que la soumission n'apportait pas toutes les améliorations espérées et que tout sombrait sous
les violences matérielles de l'occupation. Qu'arriva-t-il

---

(1) Desmarets, *Témoignages historiques*, p. 236.
(2) « Les illuminés et les violents de la Révolution française
s'imaginaient, eux aussi, que leurs « principes » et leur « droit »
allaient immédiatement conquérir le monde ; or, le xixe siècle
tout entier fut une réaction contre ce principe et contre ce droit,
une immense levée de boucliers contre cette France turbulente et
sanglante qui avait guillotiné au nom de la Fraternité et voulu
asservir l'Europe au nom de la Liberté. » — A. Fouillée, *Esquisse
psychologique des peuples européens*, Préface, p. VII.

enfin?... La haine des cours pliées sous le joug et des privilégiés dépossédés, les rancœurs des libéraux désabusés et des écrivains censurés, l'exaspération des villes commerçantes ruinées par le blocus continental et de la bourgeoisie écrasée par les impôts, le besoin de paix sociale des affranchis qui s'épuisaient en des guerres lointaines pour la seule gloire de l'étranger,... éléments les plus divers, mais répondant tous aux mêmes aspirations, se combinèrent dans une même fièvre d'indépendance : le sentiment de la vengeance se mit à gronder !

En Prusse, le souvenir de Frédéric II avait conservé dans le peuple un amour-propre national très pointilleux ; la stupeur qui suivit la destruction de l'armée ne tarda pas à faire place à une blessure de cet amour-propre. Dans le sud et le pays rhénan, la substitution des nouvelles unités politiques à l'oligarchie féodale avait fait naître l'idée d'une patrie plus étendue ; en créant la Confédération du Rhin, Napoléon avait ressuscité en quelque sorte le Fürstenbund. Par ces faits d'ordres divers le particularisme fut atténué, sinon détruit, tandis que le sentiment d'impuissance, auquel on s'était résigné jusqu'alors, s'effaça grâce à la création des petites armées nationales et fut remplacé par des idées encore confuses, mais qui se préciseraient insensiblement.

Au reste, dans aucun État allemand de cette époque le patriotisme ne pouvait revêtir la forme du patriotisme éclairé, pas plus que la forme agressive du patriotisme français. Le peuple, très paisible de sa nature, soumis à un régime très dur, éloigné de tout ce qui était relatif à la politique générale, n'avait nullement conscience de la force collective qui résulte de l'union des cœurs vers des aspirations idéalistes. Pareils sentiments patriotiques pouvaient exister dans les traditions et les affinités de la race, mais il fallait les réveiller.

Au cours du xviiie siècle, la littérature allemande avait repris un essor bien caractérisé. Elle avait été tout à la fois, dès le début, un réveil du sentiment national et une protestation contre le rationalisme ; à la fin du même siècle, elle pencha vers l'humanitarisme et le rationalisme. Mais après l'écrasement de la Prusse les tendances littéraires et philosophiques s'attachèrent avec une ardeur passionnée à la reconstitution du patriotisme germanique. La politique et la guerre avaient détruit l'unité de la terre allemande ; les traditions, le génie de la race ; les souvenirs du passé historique, philosophique, religieux, poétique et militaire des Germains, reconstitueront son unité morale, par-dessus l'esprit particulariste des cours et les visées ambitieuses des monarques de l'époque.

Le morcellement du territoire, qui avait rendu impossible jusqu'alors toute action politique commune, n'avait pas détruit complètement l'esprit national ; celui-ci s'était conservé dans une multitude de centres intellectuels, artistiques et même économiques. Cette décentralisation dans l'activité morale avait d'abord favorisé la diffusion des idées de la Révolution ; mais lorsque s'opéra la réaction toute naturelle au caractère germanique — un esprit libre dans une âme qui se recueille — elle devint l'origine de foyers de propagande qui permirent aux écrivains populaires, encouragés par les hommes d'action du pouvoir, de faire renaître l'idée de patrie dans tous les pays de langue germanique.

Les tentatives de 1809, jointes à l'immense effort de l'Autriche, furent la première éclosion de ce patriotisme. Si ces tentatives avortèrent ou furent réprimées, si les premiers succès de l'armée autrichienne furent suivis du désastre de Wagram, ces événements eurent cependant les uns et les autres, pour conséquence, de prouver que le tyran n'était pas invincible (1) et que le réveil national n'était pas impossible.

× ×

Comment fut-il réservé à la Prusse de prendre la tête du mouvement pangermanique, c'est ce qu'il me paraît nécessaire d'exposer, afin d'éviter toute lacune dans ma thèse, car j'ai dit, avec le général von Blume, que le patriotisme était une des sources principales de l'initiative, vertu sociale.

La gloire de Frédéric II, comme nous le disions plus haut, avait donné naissance, en Prusse, à un genre de patriotisme que nous avons appelé « amour-propre national ». Par l'enrôlement des étrangers (ausländer) qui presque tous étaient Allemands, et malgré les rigueurs légendaires du service militaire, ce sentiment s'était étendu aux autres peuples de langue allemande.

C'est également sous Frédéric-le Grand que le mouvement intellectuel — lequel avait jusqu'alors gravité autour de Vienne — se partagea entre Vienne et Berlin; à partir de ce moment aussi, la Prusse commença à représenter l'idée pangermanique qui devait éclore dans la suite.

La paix de Presbourg, en démembrant le vieil empire teutonique et en enlevant à François II le titre d'empereur d'Allemagne, avait miné le prestige de l'Autriche auprès des peuples allemands. De sorte qu'en écrasant l'armée prussienne qui paraissait aux yeux de ces peuples comme le rempart de l'honneur, national, Napoléon frappa la Germanie au cœur, et la Révolution, après avoir servi la

---

(1) Les résultats des guerres d'Espagne étaient de nature à fortifier cette opinion.

cause de la liberté individuelle mutilée, réveilla, en opprimant la Prusse, le patriotisme des Germains.

Alors que les autres pays allemands, conscients de leur faiblesse, s'étaient inclinés sans résistance, la Prusse, même dans la défaite, donna des preuves de sa vitalité. Les efforts de quelques patriotes : Goetzen en Silésie, Blücher à Lubeck, Gneiseneau à Colberg, Bülow à Dantzig, Lestocq aidé de Scharnhorst à Eylau, ravivèrent dans la nation prussienne et même dans toute l'Allemagne, malgré les incontestables lâchetés de la première heure, le souvenir de la brillante armée d'autrefois.

Tandis que les Etats du Sud et de l'Ouest se laissaient pétrir sans protester à l'image de la France et par des agents français, seule la Prusse, accablée sous le poids de revers dont elle semblait ne pouvoir se relever, transporta son appareil gouvernemental comme sur une terre d'exil aux confins de la monarchie amputée et sur ce coin de terre qui lui restait montra, par son énergie, qu'elle n'avait pas cessé de vivre.

C'est là que fut élaborée l'œuvre de rénovation de la Prusse ; c'est là que des hommes stimulés par l'espoir de réaliser un ordre social plus équitable et plus fécond, s'attachèrent à ses destinées avec un courage qui en fit, à juste titre, les héros de l'indépendance.

Ce qui prouve que la Prusse était déjà un centre d'attraction avant la conquête de l'Allemagne par la Révolution, c'est que la plupart de ces hommes ne sont point Prussiens : Stein est Westphalien, chevalier d'empire ; Arndt est de l'île de Rügen ; Hardenberg est Hanovrien ; Niebuhr est Danois ; Fichte, Scharnhorst et Gneiseneau sont Saxons ; Altenstein est Franconien ; Blücher est Mecklembourgeois. Si leurs espérances patriotiques étaient au-dessus de la Prusse, si elles embrassaient toute la terre allemande, ne semble-t-il pas qu'ils aient pressenti la possibilité de la régénération de l'Allemagne, uniquement par la régénération de la Prusse !

Alors que les autres Etats allemands, convaincus de leur impuissance, avaient accepté sans regimber les nouveautés de la Révolution, *la Prusse* releva la tête et *prétendit faire elle-même sa « Révolution »*.

Il serait difficile de montrer suivant quels principes le nouveau régime se substitua à l'ancien. Ce ne fut qu'après de nombreux essais que les lois sociales, politiques et économiques, souvent remises sur le métier, prirent leurs formes définitives. Toutefois, ces formes se précisèrent sous l'impulsion des instincts, des mœurs et des traditions de la race, dont les novateurs durent tenir compte, aussi bien que des situations politiques et des coutumes économiques du régime antérieur. Dans ce but ils créèrent, à côté d'un droit nouveau, d'une liberté nouvelle, une compensation de nature à respecter autant que possible les droits acquis et l'amour-propre des classes dirigeantes ; ils laissèrent aux provinces ainsi qu'aux villes anciennes et ils accordèrent aux communes nouvellement créées une autonomie relativement grande.

En France, tout ce qui représentait autrefois l'autorité fut écarté du pouvoir et de l'administration, et tous les ressorts de l'Etat — sous les apparences d'un gouvernement régi par la volonté du peuple — furent, comme par le passé, réunis dans la main d'un seul homme ou d'un pouvoir central omnipotent. L'Etat prussien, au contraire, se ménagea le concours de toutes les unités politiques existantes ou de nouvelle création, ainsi que de toutes les classes de la société. En ce faisant, il rendit à la nation l'habitude et le goût du « self-government » ou plutôt de la « selbsverwaltung » qui avait résisté autrefois et qui s'opposa, dans la suite, à toutes les tentatives de centralisation et d'absolutisme.

En lisant plus haut que les Etats de la Confédération du Rhin furent pliés au système français, il ne faut rien exagérer. L'empereur Napoléon voulut surtout se faire des alliés de ses nouveaux Etats vassaux ; il recommanda aux gouvernements et à ses envoyés, de ne froisser ni le peuple ni la noblesse et de ménager les intérêts réciproques. Le peuple fut émancipé, mais la plupart des fonctions publiques restèrent dans les mains de la classe éclairée et les anciens possesseurs du sol furent dédommagés. Même en Westphalie sous le roi Jérôme, les anciennes coutumes ne furent pas trop violentées ; cet Etat n'eut pas une durée assez longue, pour qu'il fût possible de lui imprimer les formes absolues de l'Etat français et le roi résista souvent aux injonctions de l'empereur, dont les tendances paraissent avoir été plus impérieuses pour ce qui concerne la Westphalie. Seul, le code Napoléon fut imposé aux nouveaux Etats.

Les procédés de rénovation de la Prusse ne différaient donc pas essentiellement de ce qui se passait dans les Etats dont il s'agit ; nulle part les coutumes des Germains ne furent radicalement supprimées ; rien ne s'opposait, en principe, à la fusion des peuples.

✕ ✕

Une des réformes qui nous intéresse particulièrement, c'est, sans aucun doute, la réforme de l'armée prussienne ; nous en dirons quelques mots dès maintenant.

Comme toutes les autres réformes, elle eut à subir différentes phases imposées par l'esprit de tradition ou de routine et aussi par la nécessité d'obtenir, dans un moment si critique pour le pays, l'action concordante de toutes les forces vives de la nation. C'est en 1814 seulement que le service militaire obligatoire fut définitivement adopté.

Dans son ensemble, cette réforme revêtait un caractère essentiellement démocratique, car elle appelait sous les armes tous les citoyens et donnait, en principe, l'accès au grade d'officier à tout ce qui en était jugé digne. C'était un produit de la Révolution ; mais les restrictions qu'elle comportait étaient de nature à réserver aux classes éclairées une situation qui, dans le moment même, sauvegardait leur amour-propre, tout en n'étant pas incompatible avec l'idée que se faisait le peuple allemand de son rôle social.

C'est cette armée, régénérée par Scharnhorst avec une puissance de création extraordinaire et malgré mille obstacles, qui permit aux troupes prussiennes de prendre rang à côté de l'armée russe. Cet exemple de vertus militaires et civiques entraîna toute l'Allemagne : bientôt l'étranger sera chassé et l'indépendance conquise !

Le souvenir de l'énergie avec laquelle la Prusse se distingua dans la guerre de délivrance ne s'effacera plus et deviendra un appoint considérable pour la réalisation de l'idée pangermanique avec Berlin comme centre principal d'évolution. En négligeant ses intérêts propres, en saisissant le moment des sacrifices opportuns pour sauver l'Allemagne, la Prusse s'élevait aux yeux des Germains et travaillait à sa grandeur future.

× ×

Le patriotisme, prêché avec des accents d'un lyrisme exalté par la fièvre d'indépendance, avait été le point de départ de la régénération de l'Allemagne. Le chercheur minutieux a pu constater des hésitations, des défaillances, des lâchetés même au début de la guerre. Néanmoins, il est incontestable que ce sentiment, à peine ébauché dans sa période active, fut un levier d'une puissance considérable qui emporta tous les gouvernements, souvent malgré eux.

Mais à peine l'ennemi avait-il disparu que le particularisme des princes revit le jour. Il était stimulé d'ailleurs par l'intérêt personnel, ainsi que par les encouragements de la France et de la Russie, lesquelles craignaient une Allemagne trop forte. D'autre part, les rivalités de l'Autriche et de la Prusse ne pouvaient tarder à renaître.

Quoi qu'il en soit, la formation de la « Confédération germanique » montre le désir des princes et des peuples allemands de ne plus détruire le lien qui les avait unis dans une même pensée, dans un même effort, dans une même soif de vengeance. Princes et peuples sentaient la nécessité d'une Allemagne unie, forte, toujours prête à s'opposer aux ennemis du dehors ; mais cette union, quelque intime qu'elle pût être, ne devait empêcher aucun allemand de vivre à sa guise, aucun peuple de rester autonome. A ce moment surtout, et jusqu'au jour où la Prusse termina toutes ces questions « par le fer et par le feu », la situation de l'Allemagne justifie ces paroles de Mme de Staël : « Aucune nation n'est plus capable de sentir et de penser que la nation allemande ; mais quand le moment de prendre un parti est arrivé, l'étendue même des conceptions nuit à la décision du caractère. »

Il est certain que, sous ce rapport, l'éducation de l'Allemagne était à faire. Sa longue existence, sous la direction des chefs du Saint-Empire, trop souvent faite d'hésitations, de concessions et de faiblesses, l'avait rendue incapable de prononcer un jugement de haute conception politique.

Tous les partis et tous les gouvernements comprirent bientôt que la Constitution fédérale de 1815 n'était pas soutenable ; mais chacun avait pour soi un projet nouveau et personne n'avait un programme pour tous. Cela pourrait paraître incompatible avec l'esprit social des Germains et, cependant, il n'en est pas ainsi. Il faut rechercher la cause de cette absence de décision dans l'amour de la liberté individuelle qui s'étendait autrefois à la liberté individuelle des tribus et qui s'étend aujourd'hui encore à la liberté individuelle des peuples. C'était une nouvelle manifestation de l'antithèse du caractère germanique. Mais si l'enthousiasme qui amena la guerre de délivrance ne fut qu'une révélation idéale de l'unité allemande, il fut cependant une explosion de cette force latente qui s'accumulait depuis longtemps déjà et qui s'accumulerait de plus en plus, en passant de la période idéaliste à la période réaliste, pour cimenter, en les transportant dans le domaine de la pratique, les idées de liberté et de solidarité germaniques.

En résumé, en sauvegardant la liberté individuelle, la politique avait réalisé le premier terme du principe de la division et de la coopération du travail, de même que les aspirations que comporte le premier des éléments contenus dans le dualisme du caractère national. Pour accomplir le second terme de ce principe et donner au second des éléments de ce dualisme toute l'extension dont il était susceptible, il fallait un point de concentration supérieur au particularisme des peuples et solidement établi : il fallait une patrie allemande ! C'est ce que tout le monde comprenait ; la solution s'imposerait bientôt.

× ×

Dans le conflit qui va suivre entre la Prusse et l'Autriche, de 1815 à 1866, celle-ci croira, par des mesures illusoires, conserver l'hégémonie en Allemagne : elle cherchera sa force dans les traditions et les souvenirs, elle respectera les choses acquises, elle habituera les princes à une vassalité sans contrainte, elle divisera les Etats pour les maintenir dans l'impuissance et elle réprimera toute idée nouvelle, toute manifestation de l'élément intellectuel des peuples, comme une menace pour la sécurité publique et l'ordre de choses établi. Il semble en effet que Metternich, le directeur de la politique impériale, ait eu surtout pour but de maintenir la prépondérance autrichienne, en rendant impuissant le sentiment national allemand. Il semble également que Schwarzenberg, successeur de Metternich, trop préoccupé de garantir à l'Autriche ses possessions slaves et italiennes, n'ait jamais cherché à conserver à son souverain qu'une autorité, qu'il sentait très fragile, sur l'ancien empire germanique.

De son côté, la Prusse travaillera à la conquête de l'hégémonie : elle laissera sa rivale dans une fausse sécurité ; elle l'encouragera, l'appuiera même de ses mesures réactionnaires ; elle travaillera avec ardeur à son propre relèvement, elle cimentera l'union de ses provinces, elle vivifiera par son sens pratique toutes ses forces morales et matérielles ; elle attirera vers elle les États les plus faibles, subjuguera les autres par l'exemple et brisera enfin, par la force, les dernières résistances.

Pendant cette période et dans son ensemble l'Allemagne vécut dans une sorte de rêve inconscient. Soulagées du poids de guerres continuelles et des exigences de la domination étrangère, toutes les classes de la société s'étaient remises au travail pour panser les plaies du passé et mettre en œuvre les moyens de production apportés par le nouvel ordre de choses. Chaque État, rentré en lui-même, progressa d'une manière très sensible dans les différentes branches de l'activité économique et intellectuelle.

Nous verrons plus loin, avec les détails que la question comporte, quelle fut l'influence de l'enseignement à tous les degrés et de l'esprit d'association sur la marche des événements.

Signalons dès maintenant que, si la masse de la nation parut se désintéresser de l'unité allemande, il n'en fut pas de même de la couche intellectuelle. Le mouvement des esprits, qui avait produit le réveil de 1813, ne se perdit point, mais s'adapta aux nouvelles conditions de vie de l'Allemagne.

Ses premières manifestations tendirent à la conquête du régime parlementaire et constitutionnel. En 1819, la Bavière, le grand duché de Bade, le Wurtemberg, la Hesse et le Nassau possédaient des Constitutions. Le Parlement de Francfort et la Prusse n'entrèrent dans la même voie qu'après la Révolution de 1848.

La Révolution de 1830 eut peu d'écho en Allemagne, sauf dans les Etats rhénans où la population ouvrière et quelques jeunes écrivains subissaient l'influence des idées françaises sur le socialisme ; les émeutes, sans importance d'ailleurs, furent rapidement étouffées (1).

En 1840, il se produisit un fait qui montre combien l'unité allemande préoccupait les esprits. C'est l'exaltation patriotique qui se dévoila lorsque à la suite du traité de Londres la France, par les provocations imprudentes de M. Thiers, prononça des menaces contre l'Allemagne. Ce furent ces circonstances qui inspirèrent Schweckenburger, l'auteur du *Die Wacht am Rhein*. Ce jour-là aussi, les jeunes générations jetèrent les yeux sur la Prusse dont les progrès militaires commençaient à se faire remarquer dans toute l'Europe. Il apparaissait en effet, avec évidence, que la Prusse pouvait, en quelques jours, amener 200.000 hommes sur le Rhin ; tandis que l'Autriche, absorbée dans les questions d'Orient et préoccupée de se conserver son joyau de l'Italie, était inca-

---

(1) « La prise d'un corps de garde à Francfort, où résidait la Diète, ne fut qu'une ridicule contrefaçon des journées de Juillet. » — Bossert, *Histoire de la littérature allemande*, p. 804.

pable de protéger la Confédération, laquelle était restée désarmée.

La Révolution de 1848, en Allemagne, se présenta sous deux aspects différents : d'une part, quelques échauffourées sans grande importance (1), qui se prolongèrent cependant jusqu'en 1849 et ne prirent fin, en Saxe et dans le grand-duché de Bade, que grâce à l'intervention de l'armée prussienne ; d'autre part, quelques manifestations tapageuses de professeurs, d'étudiants et d'hommes politiques.

Les chefs de partis se réunirent à Heidelberg et y formèrent une « Constituante » ; mais leurs seules revendications se bornèrent à demander l'union allemande, sous une forme qui eût donné à l'Allemagne le droit de disposer d'elle-même, de régler ses destinées et de se préparer à repousser éventuellement l'étranger. Le mouvement créé par les libéraux, et dont le gouvernement prussien semblait ne vouloir tenir aucun compte, agissait donc parallèlement au travail plus positif de la Prusse. L'énergie dont celle-ci fit preuve en ces circonstances l'éleva encore aux yeux des peuples allemands ; comme à l'époque de la conquête de l'Allemagne par Napoléon, seule elle resta debout, ne cédant rien à la force. Tous les partis politiques, les classes éclairées et le peuple virent en elle, les uns le salut, les autres la force indispensable à la réalisation de l'unité allemande.

L'élection de Frédéric-Guillaume IV par « l'Assemblée nationale » de Francfort fut la récompense de la Prusse et une indication pour l'avenir. Si le roi refusa par raison de convenance personnelle, ou par crainte de cueillir un fruit non encore assez mûr, la Prusse saisit du moins ce moment

---

(1) Berlin joua alors, selon l'expression de M. Lavisse, une parodie des Journées de Février. — Lavisse, *Trois empereurs d'Allemagne*, p. 55.

favorable pour se placer à la tête d'une confédération comprenant dix-sept gouvernements, dont la Saxe et le Hanovre (Traité des trois rois). La Bavière et le Wurtemberg restèrent à l'écart.

Mais à peine rentrés dans leurs capitales et sous la pression de l'Autriche les rois de Saxe et de Hanovre dénoncèrent l'alliance (octobre 1849). Le 27 février 1850, la Bavière, la Saxe, le Wurtemberg et le Hanovre signèrent le « Traité des quatre rois » en guise de protestation contre la nouvelle confédération. Il se forma ainsi trois groupes : Autriche, Prusse (confédération), États secondaires. Cet essai de triade ne réussit pas mieux que les autres ; les intérêts dynastiques et les rivalités d'influence empêchaient toute cohésion dans les groupes.

Le 8 août 1830, sur la proposition du plénipotentiaire autrichien (comte Thun-Hohenstein), le Parlement **de** Francfort émit un vote consacrant le *statu quo* en Allemagne, c'est-à-dire l'antique pacte féodal remanié, quelque peu modernisé.

Un peu plus tard, des troubles ayant éclaté en Hesse, presque simultanément des troupes prussiennes et austrobavaroises entraient en Hesse. Le ministre autrichien, prince de Schwartzenberg, fit sommer la Prusse de retirer ses troupes. Celle-ci n'étant pas prête dut céder à l'ultimatum et l'hégémonie de l'Autriche fut rétablie momentanément par la fameuse « Convention d'Olmütz » et la « Conférence de Dresde » (décembre 1850).

Bientôt, les événements de Hongrie et la campagne de 1859 montrèrent à l'Europe, et aux peuples allemands en particulier, que l'Autriche n'était plus la puissance militaire d'autrefois, tandis que la Prusse s'était imposée au congrès de Paris et avait contraint Napoléon III à signer la convention de Villafranca. D'autre part, les concessions que l'Autriche dut faire dès 1860 au principe des nationalités portaient un coup à l'orgueil des Allemands d'Autriche, habitués depuis toujours à diriger seuls la politique impériale.

× ×

Nous ne pouvons continuer le récit de l'histoire politique sans parler du travail économique dont la Prusse prit la direction, lequel fut une des forces essentielles qui l'aidèrent à conquérir la place prépondérante, indispensable à son rôle de peuple chef.

Après le traité de Tilsitt, sous l'impulsion du baron de Stein et de ses collaborateurs, ainsi que des chefs de la maison royale de Hohenzollern, la législation prussienne avait eu soin, en accordant des droits nouveaux, de ne spolier personne et de ne pas toucher aux habitudes de self-government des unités administratives ; elle s'était contentée de décréter des lois générales concernant la propriété du sol, le commerce et l'industrie. Après 1815, c'est par la même voie économique qu'elle cimentera l'union de ses provinces et préparera l'unité définitive des peuples allemands, en solidarisant leurs intérêts matériels.

Le traité de Vienne (1815) avait donné à la Prusse des frontières qui atteignaient 8.000 kilomètres et touchaient à vingt-huit États différents. Les douanes intérieures furent supprimées et les marchandises frappées de droits modérés perçus à la frontière par un tarif très simple. Les princes qui possédaient des enclaves dans le royaume de Prusse signèrent bientôt avec celle-ci une union douanière ; seuls, le Hanovre qui se rattachait à l'Angleterre, le Brunswick et l'Oldenburg s'abstinrent et formèrent un Steuerverein.

Dans l'Allemagne du Sud, pareil travail de liberté commerciale s'effectuait dans le but de résister à l'union avec la Prusse. Mais les intérêts communs obligèrent les princes à se résigner et, en quelques années, s'accomplissait la concentration de toutes les forces économiques de l'Allemagne. En 1835, le Zollverein réunissait 25 millions d'Allemands sous l'hégémonie réelle de la Prusse (Hesse, Bavière et Wurtemberg compris).

La prospérité matérielle qui en résulta eut pour effet de convaincre les peuples de l'utilité d'une union intime avec la Prusse. Dans la suite, malgré leurs craintes d'absorption et leur esprit particulariste, les princes n'osèrent plus briser le contact conclu une première fois.

En 1851, le Steuerverein entrait aussi dans le Zollverein. De sorte que la Prusse préparait l'unité allemande par l'unité douanière, tandis que l'Autriche s'aliénait définitivement l'Allemagne par les mesures de réaction que la Diète de Francfort édictait en son nom, par son éloignement du Zollverein et par son inaction dans le domaine économique.

Les progrès réalisés par l'établissement du Zollverein firent apercevoir la nécessité d'améliorations plus étendues dans les relations commerciales et industrielles. La bourgeoisie, qui se trouvait à la tête des affaires, fit valoir que seule « l'union allemande » était capable de faire disparaître les entraves qui existaient encore et elle constitua, dans un but de propagande, le *National-Verein*. L'Autriche, la Prusse même et d'autres États firent opposition à cette association, sous prétexte qu'elle montrait des tendances révolutionnaires. Elle subsista néanmoins et coopéra, par son activité et l'opposition même qu'on lui fit, au rapprochement des peuples.

× ×

L'Autriche sembla enfin avoir compris, un peu tard, que le particularisme ne pouvait plus résister longtemps au degré où elle avait voulu le maintenir. Dans les premiers jours de 1863, elle proposa à la Diète de Francfort, par la voie de son ministre Schmerling, l'adoption d'un code uniforme de procédure et la convocation d'une assemblée qui serait chargée de réformer les statuts de la Confédération.

L'intervention de la Prusse amena le rejet de ces propositions.

Six mois plus tard, l'empereur d'Autriche voulut convoquer un congrès des princes (Fürstentag) ; mais, malgré l'entrevue de Gastein entre l'empereur et le roi de Prusse, celui-ci refusa son adhésion. L'empereur passa outre et convoqua· le Fürstentag ; le congrès s'ouvrit le 17 août 1863. Mis en défiance par l'abstention de la Prusse, les princes et leurs représentants ne tardèrent pas à comprendre que les vues de l'Autriche étaient toujours les mêmes : maintenir sa prépondérance en Allemagne, tout en cherchant des alliés, pour l'éventualité d'une guerre qu'elle prévoyait. Le congrès siégea un mois sans rien produire et il devint l'objet de la risée publique, par la manifestation de son impuissance.

La guerre des duchés acheva de miner le prestige de l'Autriche.

Dépourvue de toute direction, sentant rejaillir sur elle le ridicule de son gouvernement officiel, la nation s'impatientait. Toutefois, les princes restaient fidèles au pacte fédéral.

La Prusse crut que le moment d'agir était arrivé. Au printemps 1866, elle proposa la convocation d'un parlement national chargé d'élaborer, avec le concours des gouvernements, une nouvelle constitution dont elle exposait les conditions. Elle déclarait en même temps que si cette tentative venait à échouer, elle se retirerait de la Confédération.

Ces propositions furent rejetées par la Diète qui, pour épouser le parti de l'Autriche, remit sur le tapis la question du Schleswig-Holstein, décréta contre la Prusse l'exécution fédérale (14 juin 1866) et ordonna la mobilisation des contingents fédéraux.

La Prusse releva le gant et, en trois semaines, mit à la raison tous les opposants à ses projets. Par le traité de Prague (23 août 1866) ceux-ci reçurent leur entière exécution : 1° exclusion de l'Autriche de la Confédération ; 2° constitution d'une « Confédération de l'Allemagne du Nord », avec concentration des forces militaires et de la représentation diplomatique entre les mains de la Prusse. Celle-ci ajoutait à ses possessions le Hanovre, la Hesse-Électorale et le Nassau, lesquels perdaient leurs dynasties, mais conservaient leur autonomie ; elle s'annexait la Saxe, les grands-duchés d'Oldenbourg et de Meklembourg, lesquels conservaient leurs dynasties.

La prudence politique conseilla à la Prusse de refuser aux quatre Etats du Midi leur entrée dans la Confédération ; les peuples la demandaient, il fallait donner aux princes l'occasion de l'offrir. Elle se contentait, pour le moment, d'un traité secret par lequel les Etats du Sud s'engageaient à réunir toutes leurs forces sous le commandement du roi de Prusse contre tout agresseur d'un Etat allemand.

L'union allemande était accomplie, quelque peu contre les velléités des cours, mais en vertu de la volonté des peuples qui, en différentes circonstances, s'était clairement manifestée.

× ×

L'histoire de l'Allemagne, de 1815 à 1866, est féconde en événements de tous genres ; nous croyons avoir rappelé les principaux parmi ceux qui nous ont paru propres à montrer : 1° le déclin de ce qui restait de cohésion dans l'ancien empire germanique, les retours offensifs ou plutôt désespérés de l'Autriche pour reprendre l'hégémonie, et l'affaiblissement continuel de son prestige en Allemagne ; 2° les hésitations des chefs des Etats secondaires, cherchant tout ensemble à sauvegarder leurs couronnes et l'indépendance de leurs peuples, tout en ménageant les aspirations de ceux-ci vers la réalisation de l'unité allemande ; 3° la formation politique de la Prusse, la marche ascendante de son autorité morale vis-à-vis des autres peuples allemands, sa prétention de s'imposer comme l'égale de l'Autriche dans les affaires d'Allemagne et dans le concert européen et bientôt de la dépasser en se signalant par une organisation intérieure forte et bien conçue dans tous les domaines, répondant par la raison ou les circonstances aux tendances et aux traditions de la race germanique.

Continuant cette politique de traditions, la Prusse prenait la tête d'une confédération d'Etats dont elle respectait l'autonomie, comme elle avait respecté l'autonomie de ses provinces après 1806 et 1815.

« Notre empire, dit de Sybel, est sorti du principe des nationalités, inconciliable avec les fausses idées d'égalité de la Révolution française. Ces idées dénient tout vrai droit à l'existence individuelle, soit qu'il s'agisse d'un peuple, soit qu'il s'agisse d'un indivdu. La prétendue libération universelle des Girondins, les conquêtes universelles de Napoléon, n'étaient pas autre chose que des applications logiques de ce principe fondamental qui, en France même, a étouffé le libre développement des individus. »

Cette politique de décentralisation, cette application de la division du travail, conviennent à l'Allemagne où, comme nous l'avons dit déjà, le self-government et la selbsverwaltung sont des traditions séculaires issues de l'amour de la liberté individuelle. Mais elle ne peut produire tous ses fruits si la coopération du travail ne reçoit en même temps son application. Or, les unités politiques principales sont autant de points de concentration placés entre les individus et le centre de gravité du système « la Nation » ; elles imposent comme loi à l'activité libre ou initiative dispersée dans les individus, à un degré intermédiaire, la coopération du travail ou la conquête de l'unité perdue. Le Zollverein d'une part, la Confédération militaire et politique d'autre part imposent la même loi aux collectivités, à un degré supérieur. Le Zollbundesrath ou Zollparlament, avec le roi de Prusse comme président, serait le berceau, le noviciat du futur Reichstag allemand ; Berlin serait, dès ce moment et d'une façon absolue, le centre d'évolution de l'Allemagne nouvelle.

Cependant, l'Autriche, malgré Sadowa, n'avait pas perdu tout espoir de reprendre pied en Allemagne, en flattant ou en mettant en défiance contre la Prusse les Etats du Sud. La France, de son côté, comptait sur le particularisme de ces Etats pour affaiblir la nouvelle Confédération dans la prochaine guerre qu'elle sentait imminente. A la Prusse il fallait cette campagne pour détruire les dernières rivalités.

En effet, la force des particularistes ne résidait plus, semble-t-il, que dans la tranquillité de l'Allemagne. Mais si quelque danger la menaçait, toutes les querelles disparaîtraient sous la haine de l'étranger. Les directeurs de la politique prussienne connaissaient ce sentiment.

× ×

Quoi que l'on fasse, l'évidence d'un patriotisme allemand bien défini et capable de prendre une part importante au réveil du génie national ne semble pas ressortir d'une façon satisfaisante du plus ou moins d'enchaînement que l'on peut apporter dans la narration des événements politiques et économiques. La politique avait laissé l'Allemagne divisée, dans une situation compliquée ; comme nous le disions plus haut, le travail économique avait solidarisé les intérêts matériels ; *seule*, pensons-nous, l'Education *avait pu donner au patriotisme toute sa vitalité*.

La Prusse avait voulu être forte dès sa naissance, afin de pouvoir prendre position d'abord en Allemagne, ensuite dans le concert européen. Elle acquit cette force non seulement par les charges militaires qu'elle s'imposa, mais aussi par un travail opiniâtre et la constance dans la pratique un peu rude des vertus individuelles et sociales. C'est l'oubli de ces vertus qui l'avait conduite à la catastrophe d'Iéna. Elle se ressaisit bientôt et, nous l'avons montré précédemment, c'est par l'énergie dont elle fit preuve dans son œuvre de rénovation qu'elle parvint à séduire les autres peuples allemands. Lorsque ceux-ci comprirent la nécessité de s'unir pour s'imposer dans le *struggle for life* des nations, leurs regards se portèrent sur celui d'entre eux qui leur parut le plus digne de les conduire ; c'était conforme aux traditions germaniques et la littérature nationale a coopéré largement à la réalisation de cette idée (1).

Cela ne put se faire en un jour : pour cimenter l'union des Etats remaniés par le congrès de Vienne, pour faire

---

(1) « En somme et malgré toutes les réserves qu'on est obligé de faire, la Prusse, par les vertus de ses souverains et de ses citoyens, par sa constance politique, par ses sacrifices, par ses institutions et par sa supériorité intellectuelle, a mérité de devenir l'Allemagne. » — Hillebrand, *La Prusse contemporaine et ses institutions*, p. 265.

disparaître les nouvelles causes de conflit qui s'étaient substituées aux anciennes, pour terminer la mise en pratique raisonnable des idées de la Révolution, pour raffermir le patriotisme né dans les jours de malheur et de vengeance et l'imprégner d'une force autrement durable que la seule gloire militaire ou la seule haine de l'étranger, il fallait une impulsion nouvelle qui agirait sans heurts, d'une manière conforme aux tendances de la race.

Moins la culture intellectuelle d'un peuple est développée — plus ce peuple est primitif — moins il existe de dissemblances morales entre les individualités qui le composent, plus il est aisé de lui inculquer une idée, un sentiment collectifs. Pour un tel peuple, le patriotisme peut reposer sur un mot, une idée simple : roi ou empereur, drapeau, honneur, indépendance, liberté, religiosité ; sur l'esprit de discipline imposé par le service militaire, sur l'instinct de la conservation ou sur le désir de conquête.

Mais si un peuple arrive à un tournant de son histoire, lequel, d'un seul coup, modifie toutes les conditions de l'existence par l'émancipation de la masse, et si en même temps son niveau intellectuel tend à s'élever par le progrès de l'instruction, les individualités se diversifient à l'infini. Dès lors, pour rétablir l'équilibre rompu par cette émancipation sociale et intellectuelle — tant chez l'homme pris isolément que dans les collectivités composant la nation — pour conserver l'amour de la patrie, le sentiment du devoir et de la solidarité ainsi que le respect de la hiérarchie, constamment affaiblis par les dissensions politiques et la lutte pour l'existence ; en résumé, pour arrêter les ravages de l'individualisme, il faut une éducation indivduelle et sociale qui pénètre l'homme dès l'enfance et qui l'enveloppe jusqu'à l'âge où les idées irréfléchies de la jeunesse font place à des inspirations plus précises et plus élevées (1).

L'homme dont l'éducation individuelle et sociale a été bien dirigée envisage la Patrie comme un précieux héritage auquel il doit des immolations et un dévouement incessant pour le perpétuer dans le lointain avenir ; il la considère comme un degré supérieur de l'échelle sociale, indispensable au bonheur des peuples, au travail individuel et libre de chacun d'eux dans le concert des nations, à la coopération de la société entière à son propre développement, à la marche ascendante de l'humanité vers l'idéal de justice et d'amour.

Sans doute, ce concept de l'idée de Patrie n'est pas, en soi, très accessible aux masses ; mais que l'élite de la nation en soit pénétré...., l'on pourra juger de la masse par les sommets de la société.

Enfin, si un peuple dont la civilisation est très avancée n'est pas conduit par une saine éducation, c'est l'individualisme qui se déchaîne partout, ce sont les passions politiques qui déchirent la nation, c'est la décadence et la ruine qui la guettent. Dans les jours de détresse, sous le fouet de l'étranger vainqueur, on pourra voir ce peuple se ressaisir quelques instants, embrasser avec ferveur l'image de la patrie en deuil et lui vouer la dernière goutte de son sang. Mais si après cette cruelle épreuve, ce suprême effort, cette salutaire réaction, il retombe dans ses erreurs et ses déchirements, on le verra redescendre rapidement la pente qui conduit à l'inévitable gouffre.

---

(1) C'est une application ou une conséquence de la proposition énoncée dans l'avant-propos : Si l'éducation individuelle et sociale n'est pas suffisamment développée pour créer la conscience collective, la division du travail dans les sociétés modernes, malgré la solidarité organique qui en dérive, produira l'individualisme.

Cette leçon de l'histoire, l'Allemagne sut la mettre à profit, au lendemain des bouleversements produits par la Révolution. C'est dans l'éducation qu'elle devait trouver cette force, cette action constante et sûre qui purifie les instincts, dirige les volontés, trempe les caractères et procure la gloire aux nations.

× ×

Nous avons nommé précédemment les hommes d'action, les hommes de science, les hommes d'État et les philosophes qui, après le traité de Tilsitt, s'attachèrent aux destinées de la Prusse comme à l'arche sainte qui devait sauver l'Allemagne.

Parmi les écrivains, le philosophe Fichte, un grand et noble caractère, plane au-dessus de tous les autres. Kant avait tracé les règles de l'éducation individuelle : « L'éducation, disait-il, consiste à développer proportionnellement et régulièrement toutes les dispositions de la nature humaine (1). » Pour compléter les fondements nécessaires au développement des facultés naturelles du caractère germanique, il fallait, sinon un précepteur de l'éducation sociale, tout au moins un homme éminent, capable d'en faire ressortir l'impérieuse nécessité. Ce rôle fut réservé à Fichte, élève et disciple de Kant.

« L'homme est une fin en soi » avait dit Kant ; « il en est une aussi pour les autres », ajouta Fichte, et « c'est là précisément ce qui fait la dignité de l'individu ». Kant avait dit encore : « Être libre, c'est pouvoir se passer du secours d'autrui ». Dans sa philosophie pratique, Fichte

---

(1) On a fait remarquer que Kant avait subi l'influence de J.-J. Rousseau et cette définition de l'Éducation semblerait le prouver ; mais l'œuvre du premier montre qu'il veut une éducation soumise à des règles morales, tandis que le second ne veut que la règle de l'instinct.

définit la liberté au point de vue social : « L'homme, dit-il, comme être raisonnable et libre, ne devient un homme qu'au milieu des hommes. Si l'homme se considère comme individu isolé, sans égard pour d'autres hommes, le mot liberté n'a pas de sens, le concept de l'homme libre est impossible. La coexistence d'une pluralité d'êtres libres n'est possible que par une limitation volontaire et réciproque de leurs libertés, limitation fondée sur la reconnaissance mutuelle de ces libertés. En d'autres termes, solidarité et liberté, solidarité acceptée et voulue librement, telle est la base de la vie morale et de l'édifice social (1). »

Tandis que l'article IV de la « Déclaration des Droits de l'homme » veut que les bornes de la liberté soient déterminées uniquement par la loi et que l'article V considère, en fait, comme autorisé tout ce qui n'est pas défendu par la loi, Fichte veut, pour suppléer à l'insuffisance de la loi, apprendre à l'homme, par l'éducation, à vivre libre au milieu d'hommes libres, en contraignant lui-même sa liberté.

Après l'entrée des Français à Berlin, Fichte avait cédé au premier moment de stupeur et s'était enfui à Copenhague. Là les malheurs de l'Allemagne réveillèrent en lui le sentiment national. Il rentra à Berlin en 1807 et y prononça ses *Discours à la nation allemande*. Par ces discours passionnés, expression virile du patriotisme le plus élevé, il parvint à électriser la jeunesse qui accourait, pour l'entendre, de toutes les parties de l'Allemagne.

Dans les premiers de ces discours, il décrit la situation morale de l'Allemagne vaincue et la nécessité de relever l'esprit national : « Tout le mal vient, dit-il, de notre profond égoïsme — égoïsme des gouvernants, égoïsme des

---

(1) Telle fut aussi, plus tard, la doctrine de Hegel.

gouvernés — et aussi de l'imitation servile de l'étranger. Si les Allemands veulent se ressaisir, il faut qu'ils se souviennent de l'histoire si glorieuse du passé et qu'ils se régénèrent par la moralisation de l'individu et de la nation. »

Dans d'autres discours, il indique la méthode à suivre pour arriver au but : « Il faut que nous fassions l'éducation de la volonté individuelle, par le développement de l'intelligence et du sentiment de l'amour du prochain, lesquels, à eux deux, créeront l'habitude ou l'obligation nécessaire de faire le bien. C'est de l'effort commun, de l'aspiration constante de chacun de nous vers un idéal toujours plus élevé, que résultera un jour, non seulement l'unité de la nation allemande, mais aussi l'unification de l'humanité entière. Le patriotisme allemand s'est, pour ainsi dire, évanoui ; il faut qu'il ressuscite plus intense, plus vivace ; par l'éducation, il se développera d'abord paisiblement et secrètement et puis, le moment venu, il s'épanouira au grand jour et rendra à la nation l'indépendance qu'elle a perdue. Que chez nous, dit-il, la pensée et l'action soient d'une seule pièce ! Alors, nous serons ce que nous devons être : des Allemands ! L'Etat allemand qui commencera le premier l'œuvre commune, en retirera la gloire la plus grande. J'ajoute qu'il ne sera pas longtemps isolé. Agir ! Il faut agir !... » telle était sa devise !

Ces quelques phrases choisies permettront d'apprécier l'essence même des discours de Fichte, leur portée au point de vue de l'éducation sociale et nationale et enfin l'influence qu'ils ont exercée sur l'idée et la formation de l'unité allemande.

De Berlin, les énergiques et profondes conceptions de Fichte se répandirent rapidement dans les universités, et comme tout l'enseignement, de même que toutes les associations qui s'y rattachaient, prenaient pour ainsi dire leurs sources aux universités, toute l'Allemagne intellectuelle ne tarda pas à vibrer à l'unisson. Cet élan, une fois obtenu, ne s'arrêta plus que le jour où l'unité allemande fut un fait accompli, réalisant ces paroles par lesquelles Fichte terminait une leçon sur le devoir : « Le cours sera suspendu jusqu'à la fin de la campagne. Nous le reprendrons dans notre patrie devenue libre, ou... nous serons morts pour reconquérir sa liberté ».

En parlant de Kant et de Fichte, je n'ai voulu signaler autre chose que l'action exercée sur le peuple allemand, à un moment donné de son histoire, par les idées pratiques de ces deux philosophes. Ici, comme partout ailleurs dans ce travail, je veux m'abstenir d'apprécier une école philosophique quelconque.

Il ne faut pas croire non plus que Kant et Fichte soient les seuls qui, en Allemagne, aient proclamé les principes et l'impérieuse nécessité de l'éducation individuelle et sociale. Nombreux sont les savants qui, dans tous les Etats, se dévouèrent au relèvement des facultés morales et intellectuelles de l'homme. Mais Fichte particulièrement entra en scène par ses discours, au moment où la nation, bouleversée par vingt années de guerres continuelles, se trouvait plus ou moins désemparée en face des problèmes posés par la Révolution et, surtout, devant l'obligation de préparer le peuple émancipé à son rôle social, après qu'on l'aurait conduit à la victoire.

A la même époque, le roi de Prusse Frédéric-Guillaume II écrivait : « Certes, nous avons perdu l'étendue ; certes, la puissance intérieure et l'éclat extérieur de l'Etat sont tombés ; mais nous voulons et devons avoir soin de regagner cette puissance intérieure et cet éclat extérieur et, pour cela, c'est ma volonté expresse qu'il soit voué à l'instruction publique la plus grande attention. » Son ministre, le baron de Stein, animé des mêmes sentiments, écrivait : « Il faut attendre les meilleurs résultats de l'éducation et de l'instruction de la jeunesse. Si toute faculté de l'esprit est développée par une méthode fondée sur la nature intime ; si chaque principe sérieux de vie est excité et nourri, toute éducation mesquine évitée ; si les aspirations qui ont été négligées jusqu'à présent avec la plus grande indifférence et sur lesquelles sont fondées la force et la dignité de l'homme, sont soignées diligemment, nous pouvons espérer de voir croître une génération puissante physiquement et moralement et s'ouvrir un meilleur avenir.

Mais ce n'est pas en quelques années qu'un aussi vaste programme pouvait s'accomplir. Pour réveiller la nation après les désastres de 1806, pour la faire sortir de sa torpeur et faire jaillir l'élan qui devait chasser l'oppresseur, le baron de Stein avait un autre programme procédant des mêmes principes, mais n'en exprimant que la quintessence, approprié aux circonstances et adéquat au savoir des maîtres improvisés, chargé de semer le bon grain qui rajeunirait l'Allemagne. « Nous partirons, écrivait-il, de l'idée qu'il faut inspirer à la nation entière un même esprit de moralité, de religion, de patriotisme. »

Ce premier effort obtenu, les successeurs du baron de Stein ne manquèrent pas de suivre le sillon tracé par lui et par Fichte.

En 1819, le gouvernement prussien édicta un règlement pour l'organisation de l'enseignement. En tête de ce règlement figurent les principes qui doivent servir de guide aux maîtres et professeurs. Nous en extrayons les passages suivants :

« La principale mission de toute école est d'élever la jeunesse de manière à faire naître en elle, avec la connaissance des rapports de l'homme avec Dieu, la force et le désir de régler sa vie selon l'esprit et les principes du christianisme...

» On s'appliquera aussi à inculquer aux jeunes gens l'obéissance aux lois, la fidélité et l'attachement au prince et à l'Etat, afin que ces vertus réunies fassent germer de bonne heure en eux l'amour sacré de la Patrie.

. . . .

» L'enseignement aura pour but de développer les facultés de l'âme, la raison, les sens et les forces du corps. »

Dans tous les Etats qui composent l'Allemagne actuelle l'instruction publique fut organisée à peu près à la même époque, et partout cette organisation repose sur les mêmes bases. La fréquentation de l'école est obligatoire et tous les règlements dénotent une préoccupation qui est partout la même : donner à « l'Education » une prédominance marquée sur « l'Instruction », celle-ci ne devant avoir pour but que de concourir à la formation de celle-là, laquelle doit être à la fois morale et nationale.

Le patriotisme ne fut pas le credo des écoles de jeunes hommes seulement, mais aussi des écoles de filles. Le plan d'études de « l'Ecole Victoria », à Berlin, porte dans un de ses principaux considérants : « Montrer aux jeunes filles, dans la langue et la littérature allemandes, les éléments les plus importants d'une *vraie culture féminine ;* les préserver par là des influences étrangères, funestes au développement national. »

Tous les plans d'études édictés par les autres Etats allemands procèdent des mêmes principes, des mêmes méthodes.

L'idée fondamentale de la pédagogie allemande, telle qu'elle est sortie des mains des rénovateurs de l'Allemagne — suivant en cela les traditions des universités — consiste à développer ce que Fichte appelle, dans sa *Philosophie pratique*, « l'activité libre du moi », c'est-à-dire à éveiller et exercer, par l'usage, toutes les facultés morales, intellectuelles et physiques et à les maintenir en équilibre, de manière à fortifier et discipliner la volonté tout en provoquant l'essor de cette qualité maîtresse de l'individu, « l'initiative », laquelle n'est, en somme, avec une certaine extension, qu'un synonyme de « l'activité libre du moi ». Et, hâtons-nous de le faire remarquer, ce système pédagogique est absolument conforme au dualisme du caractère germanique et semble même en être uniquement un produit, dans ses origines aussi bien que dans ses développements.

L'un des moyens employés dans ce but et observé par les écrivains qui ont étudié sur place la pédagogie allemande consiste à scruter les œuvres des maîtres de la science pour en faire ressortir le *beau*, le *vrai* et le *bien*, et à donner ensuite aux jeunes gens la perception de l'*inconnu* où ils pourront se lancer à la recherche du *mieux*, tandis que l'unique méthode critique, employée avec excès dans certains pays, fait que le jeune homme de vingt ans se croit capable de réduire en miettes tout le travail des siècles précédents. De cette dernière méthode il résulte l'absence de foi dans la science des professeurs eux-mêmes, ainsi qu'une préparation à l'indiscipline et à l'esprit de dénigrement.

Deux causes principales ont permis à la méthode allemande de s'emparer de toutes les classes de la société et de s'étendre à toute l'Allemagne :

Tout d'abord, la cohésion intime des divers degrés de l'enseignement. Les programmes de l'enseignement secondaire reposent sur la même base triangulaire que ceux de l'enseignement primaire : « culture morale, intellectuelle et physique », tandis que l'enseignement supérieur rayonne, des universités (1) vers les sphères inférieures, par la formation du personnel enseignant. Dans les séminaires d'instituteurs (écoles normales) viennent enseigner des professeurs sortis des universités, et ces séminaires ont pour directeurs des hommes considérables par le savoir.

Si nous examinons les programmes des écoles de l'armée (écoles de cadets, écoles de sous-officiers, écoles de guerre), nous voyons également, à côté de l'instruction et de l'éducation physique, figurer toujours l'éducation morale et nationale ; si celle-ci (de même que dans les universités) n'y conserve pas la grande place que nous signalions dans l'enseignement primaire et moyen, elle est loin d'être négligée. Au fur et à mesure que s'élève le niveau intellectuel, elle revêt d'autres formes, convenant à l'âge et aussi à la formation du caractère professionnel.

Ainsi, nous lisons dans l'*Instruction générale pour les écoles de guerre de la Prusse* (œuvre du général von Peucker) tout d'abord les recommandations relatives à l'enseignement spécial. Elles insistent tout particulièrement sur la nécessité de développer la raison, le jugement, en ayant soin de ne pas nuire aux bonnes dispositions naturelles de chacun. Vient ensuite le chapitre concernant l'éducation morale ; nous le reproduisons en entier :

« Le moral des élèves sera surveillé avec soin et fer-

---

(1) « Si l'on songe à l'excellence de l'organisation de l'enseignement supérieur en Allemagne et à l'influence extraordinaire que les universités ont toujours exercée sur la vie publique, on se rendra compte de la valeur des éléments reconstituants qu'elles répandaient sans cesse dans le pays. En prêchant la fécondité du travail quotidien, la dignité de la tâche modeste acceptée sans murmure et accomplie sans négligence, elles ramenaient les contemporains à la sagesse suprême que Gœthe avait déjà enseignée, et leur rendaient la joie et la raison de vivre ; elles leur disaient que l'homme n'atteint le bonheur que s'il renonce à le poursuivre et s'il concentre ses désirs dans l'action créatrice. » — E. Denis, *La fondation de l'empire allemand*, p. 126.

melé, sans cependant exercer une pression exagérée, ou limiter d'une manière nuisible l'individualité du jeune officier. On laissera prendre aux meilleurs élèves de l'influence sur les autres ; on développera l'esprit de corps, veillant étroitement à l'honneur de chacun, comme la propriété de tous les camarades ; on développera surtout et d'une manière particulière le sentiment de l'honneur militaire. Car si l'honneur est la qualité commune de tous les états et de toutes les classes, les devoirs militaires, rattachés aux intérêts les plus graves de l'État et d'après lesquels le soldat doit régler son plus grand bien ici-bas, la vie, ces devoirs imposent des exigences toutes particulières à l'honneur militaire.

» Les jeunes âmes doivent être nourries du respect et de l'amour de leur drapeau, de l'histoire glorieuse de leur maison royale, de leur armée. Il faut faire vivre en elles le sentiment de la vocation de l'officier, des devoirs d'honneur de chaque membre de l'armée, des idées de fidélité et de dévouement envers le roi et la patrie, le sentiment de l'honneur de chaque arme, de l'armée entière.

» Il faut également, par la pratique régulière des services religieux du dimanche, suivant les ordres donnés dans chaque garnison, entretenir dans chaque élève ce sentiment religieux reposant sur la conviction intime, dépourvue de toute hypocrisie ou fanatisme, qui assure au soldat l'énergie et les forces nécessaires pour remplir sa lourde tâche. »

Enfin, au-dessus des écoles de guerre, le programme des études de l'Académie de guerre de Berlin comprenait le cours de philosophie institué par Scharnhorst.

Dans tous les pays allemands qui prirent part à la campagne de 1870 il existait des établissements d'instruction militaire analogues à ceux de la Prusse. A tous les points de vue et dans le fonds, ces pays gravitaient autour de la

Prusse depuis la guerre de délivrance et s'assimilaient, avec des tempéraments, les développements du peuple chef.

Celui-ci, de son côté, avait su s'assimiler tout ce qui, dans la vieille Allemagne, était de nature à lui procurer des forces nouvelles dans la voie du progrès. C'est ainsi que chaque conquête, chaque crise même de la monarchie, fut suivie de la création d'une université nouvelle, fondée d'après les mêmes règles que ses aînées sur la terre allemande. Lorsque Albert le Grand, se déclarant duc héréditaire, jeta les fondements de la monarchie prussienne, un de ses premiers actes fut d'ouvrir l'université de Kœnigsberg. Quand Frédéric-Guillaume eut fait un royaume de son Electorat, il créa l'université de Duisbourg. Son successeur établit l'université de Halle ; celle de Boon fut fondée après l'acquisition des provinces rhénanes ; celle de Berlin après la défaite d'Iéna et enfin celle de Strasbourg, après l'annexion de l'Alsace (1).

La seconde cause principale, favorable à l'enseignement, fut la division du travail, due au fractionnement du territoire en un grand nombre d'Etats indépendants. L'amour-propre particulariste stimulait le zèle des gouvernements et des savants dont ils disposaient. Des souverains, placés plus près de leurs sujets, à cause de l'exiguïté de leurs Etats, pouvaient mieux voir ce qui manquait à la culture générale et il se trouvait toujours, dans le sein des familles régnantes, une personnalité capable de se faire la protectrice de l'instruction et de l'éducation populaires.

---

(1) « C'est dans les universités que l'individualité du génie allemand trouve son expression la plus parfaite et l'apaisement de ses plus nobles aspirations. L'université fait partie du génie intellectuel de l'Allemagne ; et partout où la vie allemande réussit à s'organiser, on voit apparaître une imitation de ses hautes écoles. » — Von Döllinger, *Die Universitäten, Sonst und Ietzt*, p. 35.

Avant 1870 (de même qu'aujourd'hui) la division du travail ne se bornait pas aux grandes subdivisions politiques, aux Etats qui constituent l'empire actuel ; elle s'étendait aussi aux provinces et aux communes, lesquelles avaient et ont encore la charge d'organiser l'enseignement primaire et moyen. Enfin, il existait une certaine centralisation d'Etat. Celui-ci édictait des « Instructions » et exerçait une surveillance qui, de concert avec « l'unité de vues » partant des universités — et grâce à la cohésion intime des divers degrés de l'enseignement — avaient pour effet d'engendrer la coopération du travail.

× ×

Les Allemands ne se sont pas contentés de l'enseignement progressif de la morale tel que nous l'avons signalé. Ils n'ont pas considéré l'esprit social comme étant achevé par une formation théorique ; ils ont voulu aussi l'exercer dans la vie pratique. Ici encore, la tradition est venue à leur aide, grâce à l'intervention du second terme contenu dans le dualisme du caractère national : la soumission à l'idée sociale.

L'esprit d'association des Germains est une chose reconnue par tous les historiens ; Tacite nous en a donné une première attestation.

Dans le cours des différentes époques historiques, cet esprit d'association s'est révélé sous les formes les plus variées. Plusieurs siècles avant que fût posée la question ouvrière et sociale telle qu'elle l'est de nos jours et sous les noms génériques de *Verein* ou *Innùng*, ces sociétés embrassaient l'enseignement, les arts, les métiers, l'industrie, le négoce..., en résumé toutes les classes sociales.

Chose digne de remarque, c'est que, dans la première moitié du XIXe siècle, beaucoup de ces sociétés avaient conservé le caractère de moralité et de mutualité de l'association germanique des époques précédentes. En outre, l'admission de l' « homme libre » dans bon nombre de ces sociétés était subordonnée à un double serment : 1° être un homme moral ; 2° être fidèle au prince (1).

L'association, ainsi comprise, ne peut être qu'un puissant moyen d'éducation et de conservation sociale. Par sa pénétration dans toutes les sphères de la société, elle engendre, renouvelle, développe sans cesse les sentiments de solidarité et de patriotisme ; dans de tels centres intellectuels, artistiques et économiques, chacun apprend à abdiquer une partie de sa liberté au profit de la force collective de la communauté (2).

Aussi, avant 1870, avant l'entrée en action du socialisme ; avant la période plus ou moins longue, marquée par les tentatives de centralisme et de césarisme qui ont suivi la formation de l'empire, les gouvernements allemands avaient eu soin de ne pas toucher à ces associations ; ils les avaient même encouragées. En effet, dès qu'un Etat se donnait une constitution, il y introduisait la liberté d'association.

---

(1) C'est dans les associations d'étudiants que l'on retrouve le mieux le caractère de l'association germanique. Voici comment en parle un écrivain qui s'est fait étudiant allemand pour mieux les connaître : « L'esprit de discipline et de hiérarchie se retrouve là même où l'autorité ne subsiste que par l'acceptation de tous ceux qui l'ont élue.

» Les étudiants allemands sont groupés en associations libres : Burschenschaft, corps, Landsmanschaft et corporations diverses. Ces associations, auxquelles la politique est étrangère, n'ont d'autre but que de rapprocher en groupes plus intimes la multitude des étudiants. Effet du particularisme allemand et d'antiques traditions, elles ont pour mobile la simple camaraderie dans le culte de l'honneur, de la religion, de la liberté et de la patrie allemande, où la fraternité de l'esprit dans l'étude d'une même science. »—P. Didon, *Les Allemands*, p. 49.

(2) La discipline est l'école de la liberté. L'obéissance n'est pas l'asservissement. » — P. Didon, *loc. cit.*, p. 54.

Si de l'association en général nous passons aux sociétés ouvrières proprement dites, nous voyons qu'en France elles furent interdites et déclarées « contraires à la Constitution et à l'ordre public » par la loi du 14-17 juin 1791. La loi du 22 germinal, an II, autorise bien le gouvernement à créer, là où il le jugerait convenable, des chambres consultatives des manufactures, fabriques, arts et mtéiers ; elle réglait aussi la police des ateliers, l'apprentissage, les marques de fabrique et la juridiction ; mais ces chambres n'avaient aucun rapport avec les anciennes corporations : elles tendaient à relever le commerce et l'industrie ; elles laissaient l'individu isolé, sans appui, en face du capitalisme naissant.

La Révolution de 1848 — qui, en France, fut essentiellement une révolution sociale — en autorisant les ouvriers à se syndiquer plaçait l'association ouvrière en face de l'association patronale et créait l'individualisme de classe. Au lieu des anciennes corporations on aurait de vastes associations ouvrières qui se transformeraient bientôt en associations politiques, n'ayant en vue que leur intérêt matériel, n'ayant dans leur sein aucun lien moral, et dans lesquelles on prêcherait la haine des classes.

Les associations ouvrières ne passèrent pas, en Allemagne, par les mêmes phases qu'en France. Après avoir été détruites au commencement du xixᵉ siècle, les corporations s'étaient reformées en associations plus libres, en règle générale sous la tutelle des patrons, les monopoles, les droits de concessions et les redevances restant abolis. L'association professionnelle du moyen âge, avec son caractère de moralité et de mutualité, avait évolué en même temps que le régime économique. En outre, il se forma de nombreuses associations de consommation, d'achat et de crédit qui furent les premières formes des syndicats actuels.

Plus tard, les hommes généreux pénétrèrent dans ces associations, avec l'intention de relever l'ouvrier moralement et intellectuellement. D'autre part, ce furent des hommes éminents par leur savoir (Katheder socialisten) qui étudièrent les premiers la question sociale. L'homme, disaient-ils, n'est pas seulement une force productive, ni un être purement individuel, mais aussi un être moral et social. Si l'homme avait bien conscience de ses droits et devoirs, si l'esprit de charité était bien compris, la loi serait inutile. Mais comme la morale ne parvient que très rarement à créer la perfection, la loi doit intervenir pour obliger le patron et l'ouvrier à se conformer aux règles du droit et de la justice (1).

Ainsi donc, les hautes sphères intellectuelles s'emparaient de la question sociale et recherchaient un terrain d'entente entre les différentes classes de la société, au lieu de les individualiser les unes et les autres.

Au surplus, l'Allemagne, après le moyen âge, n'avait pas suivi la France dans les transformations économiques. Au commencement du xixe siècle, elle était restée plutôt agricole. Ce n'est qu'après la Révolution de 1848 qu'elle fit de notables progrès dans l'industrie ; c'est à partir de ce moment aussi que le prolétariat allemand commença timidement à s'organiser et à se poser en face du capitalisme.

Vers 1860 Lassalle vint jeter la semence du socialisme. Mais, tout en prêchant l'organisation de l'association générale des ouvriers, il voyait le salut dans l'unité de la nation allemande (2). Lassalle était un patriote et le

---

(1) Nous avons fait ressortir (page 82) l'insuffisance de la loi ; nous voyons ici que la morale doit avoir une sanction.

(2) On prétend qu'il escomptait cette unité à son profit et qu'il rêvait une République dont il serait le premier président.

Je ferai, au sujet de Lassalle, les mêmes restrictions que celles qu'on a lues page 84, quant à l'œuvre de Kant et de Fitche.

prince de Bismarck a pu dire de lui : « Il avait une idée très nette de la monarchie nationale et son but était l'Empire allemand ; c'était donc un point commun à nous deux. »

Ce n'est que plus tard, peu avant la guerre de 1870 et sous l'inspiration d'autres chefs, que le socialisme allemand fit voile vers de nouveaux destins (1).

En même temps que Lassalle provoquait la naissance du socialisme, Mgr de Ketteler, évêque de Mayence, entreprenait une campagne très active tout à la fois contre le « laisser faire, laisser passer » ou l'individualisme économique et contre le socialisme matérialiste qui conduit à l'individualisme de classe.

En résumé, il ressort de ce qui précède qu'avant 1870, en Allemagne, l'ancien esprit d'association avait résisté aux tentatives de l'individualisme et du socialisme ; celui-ci, non encore imprégné de matérialisme et d'internationalisme antipatriotique, n'avait pu atteindre d'une façon sensible ni l'esprit moral, ni l'esprit national du peuple.

Il en était résulté que l'Allemagne avait échappé, pour ainsi dire, aux révolutions économiques (2) et que les nombreuses sociétés répandues sur le sol allemand formaient, par de là l'éducation issue de l'enseignement, une école de solidarité capable de stimuler le patriotisme, l'un des grands générateurs de l'initiative, considérée comme vertu sociale.

---

(1) C'est en 1867 que paraît le premier volume de Karl Marx, *Le Capital*, transposition des théories matérialistes dans le domaine économique et social.

(2) Le soulèvement des tisserands de Silésie en 1847 et les émeutes de 1848 ne sont pas comparables aux révolutions françaises.

× ×

Si, dans une armée, cette vertu doit être particulièrement l'apanage dú corps d'officiers, il faut, pour
qu'elle porte tous ses fruits, qu'elle existe aussi dans les
rangs inférieurs — d'une manière moins élevée et moins
intensive peut-être — de même que les autres vertus
morales qui la soutiennent, afin que nulle part l'inaction
voulue et inconsciente des uns ne détruise l'effet de
l'activité des autres.

Ne recevant dans son sein que des éléments préparés
à leur devoir civique par l'école et l'association, il ne
restait à l'armée allemande qu'à parachever cette éducation, pour qu'un même souffle de solidarité nationale
animât tous ses membres.

Or, l'armée allemande de 1870 n'était composée que de
Germains ayant les mêmes traditions, le même sentiment
de la liberté, le même esprit social, la même méthode
d'éducation, les mêmes aspirations unitaires, des intérêts
matériels communs et, depuis 1866, le même système de
recrutement et d'organisation.

Dans un autre ordre d'idées, on peut dire que c'est
« la nation armée » qui, en Allemagne, personnifie le
mieux cette pensée de Hardenberg, premier ministre
prussien, successeur du baron de Stein : « Des principes
démocratiques dans un gouvernement monarchique, telle
me paraît être la formule appropriée à l'esprit du temps. »

Ce type d'armée qui, sans la prétention de faire disparaître sous l'uniforme militaire les inégalités sociales,
exige de chacun un sacrifice à la Patrie, non seulement
renferme en soi l'application d'un précepte de justice,
mais elle est aussi un agent de morale sociale. En effet,

elle impose des devoirs dont les bienfaits sont rapportés à la société dans son ensemble.

Considérée comme entité collective, elle est composée d'individualités qui ne sont pas soumises entre elles à la lutte pour l'existence. Au contraire, ces individualités ayant un besoin impérieux de la coopération du travail et du sentiment de solidarité pour arriver à une fin unique, « l'armée nationale », elles fournissent un ensemble d'efforts concordants qui réagissent avec une puissance considérable contre les divergences particulières ou l'individualisme.

× ×

Nous avons montré comment « l'éducation » de l'école allemande, prolongée par celle de l'association et du service militaire trempait le caractère de manière à inculquer à l'homme les qualités propres à l'accomplissement de son rôle dans l'application du principe de la division et de la coopération du travail. Nous avons dit que l'organisation politique avait favorisé la mise en pratique de ce même principe, par l'autonomie des États, des provinces et des communes et la confédération de ces mêmes subdivisions territoriales au point de vue économique et militaire.

Il nous reste à montrer comment l'initiative, vertu sociale, a pu prendre son essor dans tous les rouages administratifs, dans tous les domaines de l'activité nationale ; comment les « hautes sphères » ont compris leur rôle de « pensée dirigeante ».

Ce qui caractérise les systèmes de gouvernement au XVIIIe siècle, c'est l'idée centralisatrice, de même que l'art de la guerre est caractérisé par « l'unité d'action », entendue dans un sens absolu. L'on voit d'une part des fonctionnaires qui sont de simples instruments dans la

Etude sur l'état moral.7

main du prince ou de son ministre omnipotent ; d'autre part, une seule armée, agissant sous le commandement d'un seul homme. Si une puissance met en même temps plusieurs armées sur pied, c'est plutôt pour faire face à des nécessités politiques que pour répondre à une idée stratégique, et, dans la plupart des cas, ces armées agissent d'une manière indépendante.

La littérature militaire s'occupe plutôt de questions de tactique pure et, en général, elle semble tout à fait indifférente aux questions morales. Seul, Frédéric le Grand, en cela comme en toutes choses d'ailleurs, s'élève au-dessus des hommes de guerre ou écrivains militaires de son temps. Toutefois, nous ne trouvons rien, dans ses opinions et maximes qui révèle le souci de développer, dans le corps d'officiers, l'activité libre ou initiative. Il semble, au contraire, que Frédéric le Grand soit, de même que ses contemporains et ses prédécesseurs, pénétrés de cette idée qu'une armée ne vaut que ce que vaut le général en chef, son génie et sa main de fer.

Nous lisons, en effet, dans l'*Instruction militaire à ses généraux* : « Il faut tout voir par ses yeux et ne pas imaginer que de pareilles attentions soient de peu de conséquence. »

» Il ne faut pas croire qu'une grande armée soit animée par elle-même. Il y a grand nombre de gens indolents, paresseux et fainéants. C'est l'affaire du général de les mettre en mouvement et de les obliger à faire leur devoir (1). »

Cependant, Frédéric II avait le sentiment de l'homme d'action, propre au caractère germanique, car il écrit : « Il n'est pas nécessaire que je vive, mais bien que

---

(1) Ces opinions ont toujours leur raison d'être ; mais aujourd'hui, il faut les comprendre, je pense, dans un sens moins absolu qu'autrefois.

j'agisse... On passe plutôt à une sentinelle d'avoir donné une fausse alarme, que d'avoir manqué la vigilance et de s'être laissé surprendre. » Il faut donc admettre que la conception du commandement selon Frédéric II n'était qu'une résultante de l'action des mœurs et des institutions antérieures et contemporaines sur les dispositions de son propre génie.

× ×

La défaite des Prussiens à Valmy semble avoir été le dernier coup porté à ce système mal compris de « l'unité d'action (1) ».

Forcée de faire face à des ennemis qui surgissent de partout, la France met sur pied de nombreux contingents ; ceux-ci sont répartis en plusieurs armées : *l'unité d'action* est rompue. Mais chacune de ces armées agit, pour ainsi dire, pour son propre compte ; les *plans stratégiques* du Directoire, pas plus que ceux de ses adversaires, ne sont de nature à préciser une phase déterminée dans l'art du commandement.

Napoléon vint pénétrer ce chaos par la mise en œuvre d'un système nouveau : « Se séparer pour vivre et se réunir pour combattre », dont l'application intégrale aurait dû réaliser d'une façon absolue le principe de la division et de la coopération du travail. Mais les circonstances empêchèrent ce grand génie de donner au système toute l'extension dont il était susceptible.

N'ayant d'abord à commander que des armées de 30.000 à 50.000 hommes, il prit l'habitude de tout régler par lui-même. Plus tard, ayant à combattre ce qui restait

---

(1) « Les guerres des rois finissaient, celles des peuples commençaient. » — Jean Lagorgette, *Le rôle de la guerre*, p. 412.

des errements précédents, fasciné par ses succès, emporté par son orgueil, et croyant sans doute à la nécessité d'agir avec une extrême fermeté pour s'opposer aux envahissements de l'individualisme issu de la Révolution, il fut en quelque sorte fatalement entraîné à l'absolutisme, autre forme de « l'unité d'action » d'autrefois.

Nous avons vu qu'il avait renforcé le même système de gouvernement dans les autres organismes de l'Etat et nous avons prouvé combien cette erreur du grand homme avait été funeste à la France.

Il faut remarquer toutefois, en ce qui concerne le commandement des armées, que si Napoléon a mis tant de précision et de rigueur dans ses ordres, c'est parce qu'il connaissait la valeur et le caractère personnels de ses subordonnés. Il n'ignorait pas, en effet, que peu d'entre eux étaient aptes à saisir ses vastes conceptions et que ceux lui inspirant le plus de confiance étaient enclins à la vanité et avides de gloire individuelle, leur éducation militaire n'ayant pu, en règle générale, leur inculquer, à un degré suffisant, ni la notion, ni le souci de la cohésion des efforts. En revanche, on trouve souvent, à côté de l'ordre impérieux, une phrase bien appropriée encourageant les timides, caressant l'ardeur des exaltés tout en leur demandant de la modération, ou bien encore une expression ne laissant jamais de doute sur la victoire future.

Si l'on se reporte aux temps et aux circonstances où ces ordres furent donnés, alors que la guerre scientifique et les engins destructeurs ne tenaient pas la place qu'ils ont conquise de nos jours et où les coups audacieux décidaient souvent de la victoire, ne semble-t-il pas que cette méthode était la plus capable d'obtenir sinon l'initiative raisonnée des sous-ordres, tout au moins le maximum des efforts que l'on pouvait attendre des divers éléments du commandement, en faisant appel aux qualités spéciales de ces éléments !... Telle était la force de ce génie, connaissant tous les ressorts de l'âme humaine, qu'il savait faire vibrer aussi par ses proclamations et ses ordres du jour.

× ·×

Pendant la période qui sépare la chute de Napoléon et la campagne de 1870, la plupart des puissances militaires paraissent surtout préoccupées d'obtenir le succès par la supériorité de l'armement. C'est pour ainsi dire un reflet, dans la vie des nations, de la prépondérance de la matière sur l'élément moral ; beaucoup oubliaient que, dans une armée, l'un ne va pas sans l'autre.

Remarquons en passant que la campagne de 1859, en Italie, pourrait être considérée — quant à l'organisation du commandement — comme un retour vers ce qui eût été, pensons-nous, la méthode préférée de Napoléon Ier, si les circonstances ne l'avaient écarté de cette voie. Mais ni la France, ni l'armée française de cette époque n'étaient les instruments capables de réaliser cette conception du gouvernement des hommes.

Seule l'Allemagne, par sa méthode d'éducation, par son organisation politique, sociale et militaire, absolument adéquates aux tendances naturelles du caractère germanique, pouvait faire produire au système le maximum de rendement utile.

× ×

En arrivant au ministère après le traité de Tilsit, le baron de Stein réforma complètement la bureaucratie prussienne suivant les idées contenues dans une circulaire restée mémorable :

« Les fonctionnaires doivent cesser d'être des instruments muets et mécaniques entre les mains du prince, des machines qui exécutent des ordres sans volonté propre ; je veux que, désormais, ils fassent les affaires avec indépendance et de leur propre mouvement, avec pleine responsabilité. »

Ces mêmes idées avaient germé dans l'esprit des écrivains militaires ; on les retrouve, plus ou moins précises, dans la plupart des projets de réorganisation qui virent le jour avant et après Iéna.

Contrainte de faire appel à toutes les bonnes volontés, dans la période d'activité intense qui caractérise la préparation à la guerre de délivrance, la Prusse introduisit les idées du baron de Stein dans toutes ses œuvres de réorganisation.

Nous avons déjà signalé le souci qu'eurent les réformateurs de respecter l'autonomie des provinces en matière administrative ; il en fut de même dans l'organisation militaire, et ce qui semble n'avoir été, au début, qu'une création d'actualité, qu'une extension du système cantonal de Frédéric-Guillaume Ier, devint, après 1815, une chose consacrée.

L'organisation des grands corps de troupe fut adaptée au système régional, et dans l'armée, comme dans tous les autres organismes, les idées générales (directives) rayonnèrent des hautes sphères vers les sphères inférieures en se spécialisant, en se matérialisant pour ainsi dire, en se développant par la mise en pratique.

L'armée prussienne, qui a été copiée par toutes les puissances militaires (1), (au moins dans la constitution

---

(1) En parlant de l'armée française d'avant 1870, nous n'avons pas voulu entrer dans le détail de ses défauts d'organisation ; nous avons compris ces défauts parmi les erreurs engendrées par le centralisme.

matérielle des unités) est, sans contredit, l'organisme le mieux approprié que l'on puisse concevoir à l'application du principe de la division et de la coopération du travail (1). Cette armée forme corps avec la nation, avec tous les groupements sociaux, politiques et économiques et, grâce à l'unité de doctrine partant du grand-état-major et de l'Académie de guerre de Berlin, on peut dire qu'elle est conduite par une seule « pensée dirigeante ». Chacun des organes qui la composent, du plus grand au plus petit, est une partie de ce tout absolument complète et pouvant agir d'une manière autonome — en paix ou en guerre — sous l'impulsion de l'organe immédiatement supérieur (2). La coopération du travail s'obtient non seulement par la solidarité organique des éléments constitutifs de l'armée et les règles de la discipline militaire, mais aussi, et plus encore, par l'action de cette « pensée dirigeante » ; celle-ci prend elle-même ses sources dans la science des hautes sphères, ainsi que dans l'éducation individuelle et sociale de la nation.

Les grands corps de troupe incorporés de fait dans « l'armée allemande » depuis 1866 étaient tout préparés, par la constitution des États qui les engendraient, à former de nouvelles unités dans ce tout. En s'annexant ces États, la Prusse avait eu soin de leur conserver leur autonomie et autant que possible leur existence particulariste. Mais nous avons signalé précédemment un point

---

(1) Signalons ici la spécialisation qui est une des formes de la division du travail. Sous ce rapport, l'armée allemande peut être citée encore comme modèle ; la spécialisation y existe, mais elle n'échappe pas à la pensée dirigeante.

(2) Les ordres donnés pendant la campagne de 1870 dénotent avec quel soin, à chaque degré de l'échelle hiérarchique, on laissait aux chefs en sous-ordres le choix des moyens à employer pour accomplir leur tâche personnelle, sans s'écarter de l'idée générale, du but à atteindre par l'ensemble des unités concourant à ce but.

primordial dans la formation de toutes les choses qui ne peuvent acquérir de cohésion que par leur affinité morale : ces Etats avaient adopté, à peu près en même temps que la Prusse, les mêmes principes d'éducation.

L'armée allemande de 1870 était donc dans son essence et son organisation matérielles, aussi bien que dans ses origines et sa formation morales, un ensemble des mieux réglé, pour que l'initiative pût y prendre le plus bel essor. L'âme allemande était, pour ainsi dire, pénétrée de cette vertu sociale.

Et à la force intrinsèque de ce tout bien coordonné, venait s'ajouter un patriotisme ardent dont la raison majeure était un besoin, un désir d'unité, longtemps comprimé, longtemps mûri, qui attendait impatiemment l'occasion de briser ses entraves et que le souvenir des humiliations d'autrefois animait de la soif de vengeance contre l'ennemi séculaire. Non seulement ce patriotisme stimulait les initiatives individuelles, mais encore il en formait un seul faisceau, vivifié par une inébranlable volonté de vaincre, fruit de l'éducation militaire.

IV

Conclusions.

SOMMAIRE : L'initiative, qualité intellectuelle et vertu morale, est essentiellement un produit de l'éducation; pour qu'elle soit féconde, il faut qu'elle s'accomplisse dans les liens d'une étroite solidarité avec la division et la coopération du travail. — Les armées modernes ne peuvent développer dans leur sein les vertus militaires que si la nation leur apporte les vertus individuelles et sociales indispensables. — L'éducation militaire doit être une continuation et un complément de l'éducation individuelle et sociale. — L'éducation militaire peut coopérer au travail rationnel, mais non chimérique du pacifisme.

× ×

Avant d'exposer mes conclusions j'aurais pu, en parcourant les récits des batailles de 1870, donner des preuves nombreuses de l'absence d'initiative d'une part et de l'intervention constante de cette qualité militaire, d'autre part. Comme je l'ai dit au début, ces faits ont été scrutés d'une manière très approfondie, au point de vue exclusif de la science militaire, dans de nombreux travaux où les preuves abondent.

Je me suis efforcé de donner une intensité nouvelle à ces preuves, pour ainsi dire matérielles, en en recherchant l'origine première qui les rattache à d'autres sciences, aux sciences morales particulièrement, à la vie intime et publique des nations.

Après avoir fait ressortir la contradiction que j'avais remarquée entre les opinions des écrivains militaires au sujet de l' « esprit d'initiative », il m'a paru nécessaire de donner une définition de cette expression, telle qu'on doit la concevoir dans une collectivité comme l'armée. J'insiste ici sur la distinction qu'il faut faire entre l'initiative qui tend uniquement au bien général, à la cohésion des efforts, sans écarter toutefois le stimulant d'une noble ambition, et l'initiative qui vise uniquement à mettre l'individu en évidence, par vanité ou dans un intérêt personnel ; il faut aussi la distinguer de l'activité intempestive d'une individualité maladive souffrant d'indiscipline et de l'action oppressive d'un pouvoir tendant à tout régler par lui-même.

× ×

En cherchant à mettre en lumière les grandes étapes de la transformation de l'esprit social en France — et comme corollaire de l'esprit militaire — depuis la Révolution jusqu'en 1870, j'ai attiré l'attention sur deux courants de passions contraires : l'*individualisme* et le *césarisme*. *Ils ont imprimé, le premier aux mœurs, le second aux institutions, leur caractère spécial tandis que leur action combinée ou réaction réciproque a résolu, dans le sens pernicieux, la proposition énoncée dans l'avant-propos.*

La fameuse formule : « Liberté, Egalité, Fraternité », dont la réalisation progressive aurait grandement coopéré au développement de l'*initiative* telle que je l'ai définie, est entrée dans le domaine de la pratique de façon très différente, suivant les temps et les lieux ; elle a été, je pense, moins bien comprise en France — pendant la période historique envisagée — que dans d'autres nations dont la Révolution fit la conquête.

L'excès dans la recherche de l'égalité (1), en conduisant

---

(1) « La recherche absolue de l'égalité en toutes choses prend le caractère de l'envie et de la jalousie. » — Général Thoumas, ouvrage déjà cité, t. II, p. 642.

la nation sur la pente de l'individualisme sous toutes ses formes, a empêché l'initiative — considérée comme vertu sociale — de pénétrer dans l'âme française et dans l'esprit militaire en particulier. Or, l'individualisme ne parle plus à l'homme que de *droits* et *d'avantages* et non plus de *devoirs* et *d'abnégation* ; il détruit la solidarité sociale et nationale ; enfin, il entraîne à tous les abus de la force des gouvernements aussi instables qu'individualistes, lesquels ne croient pouvoir se maintenir que par le césarisme. Celui-ci, à son tour, provoque, dans toutes les institutions le manque de confiance, la révolte ou l'apathie, en détruisant la liberté (1) elle-même, laquelle est sœur de la vertu d'initiative.

Seule, l' « Education » pouvait donner à la France la formule d'harmonisation entre la liberté et l'autorité, de la vérité entre l'individualisme et le césarisme. Constamment discutée et par là même mise en défiance dans ses principes, combattue et paralysée dans ses moyens d'action, l' « Education » a failli à sa tâche : elle n'a pu imprimer à l' « initiative » ce double caractère de spontanéité et de discipline, de liberté individuelle et de soumission sociale, qui en fait le juste tempérament d'indépendance personnelle et de dépendance collective.

× ×

En exposant à grands traits les origines de l'unité allemande, se conciliant avec le principe des nationalités aussi bien qu'avec les traditions, et les idées importées par la Révolution ; en recherchant les sources qui ont fait revivre le patriotisme germanique ; en analysant les traits

---

(1) Telle qu'elle doit être conçue au point de vue social.

saillants du caractère national dans le passé et les fondements de sa formation moderne par la culture morale qui
lui est imposée, j'ai voulu réfuter cette idée généralement
admise que l' « esprit d'initiative » est sorti uniquement
des écoles de guerre de la Prusse comme le fait d'une
génération spontanée ou le fruit exclusif de l'éducation
et de l'organisation militaires.

Certes, on ne peut nier l'influence de l' « Ecole prussienne » qui sut tirer des campagnes de Napoléon tout ce
qu'elles renfermaient d'instructif ; on ne peut nier non
plus l'assurance que l'armée prussienne inspira aux armées de la future Confédération par ses éclatants succès
en 1866 ; sans aucun doute, cette assurance fut une source
puissante d'initiative et d'esprit offensif à tous les degrés
de la hiérarchie.

Mais pour que cette vertu militaire par excellence pût
atteindre son maximum de développement dans une campagne où Allemands du Nord et Allemands du Sud com-
battaient pour la première fois côte à côte sous une même
et unique impulsion supérieure, ne fallait-il pas que dans
tout l'ordre hiérarchique régnât cette confiance réciproque ayant pour origine l'esprit de corps, de camaraderie,
de solidarité et de patriotisme !...

Ne fallait-il pas, à plus forte raison, que les vertus
morales, individuelles et sociales, qui tout à la fois donnent naissance aux vertus militaires et les vivifient, fussent depuis longtemps, depuis toujours, dirai-je, dans
l'âme de la nation germanique !...

En m'appuyant sur des faits positifs, n'ai-je pas suffisamment démontré que la tradition, le génie de la race
ont perpétué dans tout l'organisme national, en le faisant
évoluer avec les temps nouveaux par l' « éducation », une
conception idéale de la liberté individuelle subordonnée à

la raison supérieure de la société personnifiée par la Patrie !...

N'est-ce pas sous la poussée et la sauvegarde de cette éducation individuelle et sociale opposée à l'individualisme, et grâce à une large application du principe de la division et de la coopération du travail dans toutes les sphères de l'activité nationale et dans les institutions militaires en particulier, que l'esprit d'initiative a pu atteindre l'épanouissement le plus complet !...

Généralisant cette idée, je dirai : *L'initiative, qualité intellectuelle et vertu morale, est essentiellement un produit de l'éducation ; pour qu'elle soit féconde, il faut qu'elle s'accomplisse dans les liens d'une étroite solidarité avec la division et la coopération du travail.*

Et à ceux qui prétendent que seule l' « instruction obligatoire » (1) a trempé le caractère germanique et formé les soldats de 1870, je répondrai : N'est-ce pas aussi et plus encore à l' « éducation obligatoire » que

---

(1) « Nous avons commis une fâcheuse erreur en attribuant les victoires des Allemands à leur instruction ; il fallait les attribuer surtout à leur éducation, à leur discipline morale et militaire, à leur respect de la règle, enfin à l'exaltation du sentiment patriotique qu'on avait su par tous les moyens enflammer chez eux et identifier avec le sentiment religieux lui-même. » — **A.** Fouillée, *La France au point de vue moral*, p. 164.

Nous lisons dans l'*Echo de l'armée* du 5 décembre 1906, sous ce titre : « L'Instruction en Allemagne ». Extraits du rapport du Dr Ernst Rodenwaldt, médecin militaire d'un régiment d'élite de cuirassiers en garnison à Breslau : « Sur 174 recrues de la classe de 1906, dont 69 artisans, 82 seulement pouvaient réciter l'alphabet dans son entier, 50 étaient incapables de faire une simple soustraction, 70 ne pouvaient donner le nom d'une ville allemande en dehors de la Prusse, etc... » Il est vrai qu'il s'agit, paraît-il, d'une province où l'instruction est relativement moins développée qu'ailleurs. Néanmoins, il est bon, je pense, en lisant les statistiques officielles, de se rendre compte de ce que l'on entend par ce mot « illettré » lequel, en Allemagne, signifie sans doute, « n'ayant jamais fréquenté une école ». Et à moins qu'il ne soit prouvé que le niveau intellectuel a baissé depuis 1870, l'on peut se faire une idée de ce qui existait à cette époque.

l'Allemagne de 1870 a dû sa force, son unité et son brillant avenir !... (1).

Dans l'Allemagne nouvelle, s'épanouirent bientôt les fruits de la victoire : l'Allemand, convaincu maintenant de son incontestable supériorité, ne doutait d'aucun succès ; dans toutes les sphères de l'activité humaine, il entreprit avec ardeur la solution économique et pratique de tous les problèmes fournis par les sciences et les arts. Quinze années à peine s'étaient écoulées, que la Germanie surprenait le monde par son organisation industrielle et commerciale, de même qu'elle l'avait ébloui par les victoires éclatantes de ses armées.

De ce rapprochement et d'un examen superficiel, on attribua tous ces progrès à l'influence de l'esprit militaire sur le caractère national, influence à laquelle on a donné souvent le nom de « caporalisme », par une dérision aussi injustifiée qu'inintelligente. Cette appréciation vaut la peine d'être discutée.

L'Allemagne, après 1870, récoltait à pleines mains les produits engendrés par un demi-siècle de labeurs incessants et par des institutions merveilleusement adaptées à toutes les ressources intellectuelles, morales et matérielles du pays. Mais j'ose soutenir que le « caporalisme » aurait exercé une action beaucoup moins étendue il s'était trouvé seul au milieu d'institutions boiteuses, établies d'après les règles inverses ou simplement différentes de celles qui servent de code aux institutions

---

(1) « Le cliquetis des armes, le bruit du canon, le choc des bataillons, étourdissent souvent les esprits les plus honnêtes et les meilleurs, au point de les faire croire au triomphe de la force brutale, en face des champs de bataille jonchés de victimes sanglantes. Il leur suffirait d'un peu de réflexion pour se convaincre que, dans les choses politiques, toute force morale se traduit par une force physique, et que toute victoire définitive est le jugement de Dieu dans l'histoire. » — Hillebrand, *La Prusse contemporaine et ses institutions*, p. 265.

militaires et surtout si *l'éducation* ne s'était implantée à la base de toutes les fonctions de l'organisme. *Comme nous l'avons dit précédemment, l'organisation et l'éducation militaires allemandes ont contribué puissamment à tremper le caractère national et à préparer le brillant essor du nouvel empire ; mais il n'a pu en être ainsi que grâce au développement parallèle et adéquat des autres institutions, chacune de celles-ci apportant sa part d'énergie dans la division et la coopération du travail social, pour accomplir, dans le sens salutaire et avantageux, la proposition énoncée dans l'avant-propos.*

M'appuyant sur les raisonnements qui précèdent, ne m'est-il pas permis de conclure que *les armées modernes qui émanent de tous les rangs de la société et participent constamment à la vie intime de celle-ci ne peuvent développer dans leur sein les vertus militaires, pour le bien de l'armée et de la nation elle-même, que si celle-ci apporte à celle-là les vertus individuelles et sociales indispensables.*

En effet, quels seront les fruits de quelques idées de morale exclusivement militaire présentées par l'officier et ajoutées à l'enseignement professionnel déjà suffisamment complexe par son essence, si les hommes qui lui sont confiés n'ont reçu au préalable qu'une éducation insuffisante! A plus forte raison, quels seront ces fruits si une grande partie de ces hommes sont restés incultes auparavant, ou s'ils ont eu l'esprit et le cœur pervertis par la recherche intelligente ou inconsciente de la satisfaction absolue de tous les appétits, par le vice, l'égoïsme ou les théories subversives (morales, sociales, politiques, économiques), l'individualisme personnel et l'individualisme de classe, la méfiance et la haine préconçues de leurs chefs et de la société !

Mais il ne suffit pas que l'éducation de la jeunesse ait

été diligemment conduite, pour que l'éducation militaire soit fructueuse ; il faut aussi que l'officier soit préparé à son rôle d'éducateur.

Si l'éducation morale d'une nation procédait des mêmes principes à tous les degrés de l'enseignement et si ces principes étaient de nature à satisfaire toute la nation, le rôle de l'officier serait d'une grande simplicité. Mais nul n'ignore que, dans la plupart des cas, cet idéal est irréalisable aujourd'hui. Il en résulte que, en règle générale, la mission sociale de l'officier devient extrêmement délicate, tant à cause de l'éducation de la masse du peuple que de celle de l'officier lui-même. Que l'on ajoute à cela l'influence des milieux ambiants, tous imprégnés d'arrivisme et de passions politiques, alors seulement l'on se rendra compte de la complexité du problème.

Cependant, le problème n'est pas insoluble, à la condition que l'on apporte le plus grand soin à l'éducation professionnelle du corps d'officiers. Pour ce faire, il ne suffit pas que les sciences morales et sociales figurent aux programmes des hautes études de l'Académie de guerre ; il faut aussi que le jeune officier, pour être à hauteur de sa mission, possède la connaissance de l' « homme » dans ses manifestations physiques. intellectuelles et morales, tant au point de vue individuel qu'au point de vue social. Ainsi préparé, il se formera le caractère par ses études subséquentes et ses observations au contact des réalités de chaque jour. Ensuite, par des efforts répétés de sa volonté et par une synthèse supérieure à toutes les divergences philosophiques, sociales et politiques, il devra se bâtir un idéal moral qui lui inspire un ardent amour du bien ayant comme fin, non seulement son individualité propre, mais aussi la société elle-même, représentée pour lui, dans la division du travail social, par l'armée et la

Patrie. Pour atteindre le but final, il franchira les limites tracées par cet adage un peu fataliste : *Fais ce que dois, advienne que pourra*, pour entrer résolument et se maintenir sans cesse dans la sphère plus élevée et plus pure du dévouement. Dès lors il prendra conscience de son rôle dans la coopération du travail social, et son action morale sera de tous les instants, grâce à l'ascendant de sa personnalité et à la situation qui lui est créée par les règles de la discipline militaire. Grâce aussi à l'âge auquel la jeunesse du pays est confiée à ses soins — âge où le jugement s'épanouit — la discipline (1), soutenue par les vertus morales, qui font considérer les exigences du service militaire comme un sacrifice à la Patrie, trempera les caractères et leur imprimera un esprit d'abnégation et de soumission qui se perpétuera dans l'homme mûr, le détenteur par excellence du sentiment de solidarité sociale et nationale.

Je dirai donc, en donnant une autre forme à ma conclusion précédente : *Dans nos temps démocratiques, la nation qui voudra vaincre, dans les luttes de la paix aussi bien que sur les champs de bataille de l'avenir, veillera avec le plus grand soin à l'éducation individuelle et sociale, dont l'éducation militaire (2) doit être une continuation et un complément.*

---

(1) « La discipline, au fond, c'est l'éducation de la sensibilité ; c'est la formation du caractère et de la volonté ; c'est l'apprentissage de la solidarité ; c'est le concours ensemble de tous les moyens qui, en temps de paix comme en temps de guerre, ont pour objet d'assurer et d'augmenter le rendement moral de l'individu. » — F. Brunetière, « Discours de combat », p. 235, *La nation et l'armée.*

(2) « Cet esprit militaire de toute une nation est-il donc indispensable ? Pour répondre à une pareille question, il faut se demander d'abord ce que l'on entend par ces mots : *nation armée.* Dans le système des partis avancés, cela signifie que chaque citoyen doit être armé en permanence, ce qui est fort commode pour les hommes de désordre, ainsi certains d'avoir toujours raison des gens paisibles et ce qui assure la tyrannie de la majorité

En définitive, une armée moderne doit être considérée non seulement comme l'instrument de défense contre toute agression extérieure ou l'instrument de l'ordre contre les troubles populaires, mais encore comme l'un des piliers de l'ordre social, par son prestige et par l'éducation qu'elle répand dans la masse. Sous ces trois aspects — mais j'insiste sur le dernier — elle exige toute l'attention des législateurs et des hommes d'Etat, ainsi que tous les soins, tous les dévouements de ceux qui en sont l'essence et la vie même.

Dans cet ordre d'idées il ne faut pas perdre de vue que si les différentes phases de l'éducation reposent — ne fût-ce que dans la forme — sur des principes *diamétralement* opposés, de leur conflit au lieu de leur coopération, il naîtra non seulement l'incohérence des esprits et des cœurs, mais aussi — ce qui est un mal pire — le manque de confiance dans les institutions et dans ceux mêmes qui doivent en être les plus fermes soutiens.

S'il est vrai qu'un minimum d'instruction générale est éminemment désirable comme base de l'instruction militaire, surtout si le temps de service est très réduit, il est non moins sans conteste qu'un minimum d'éducation préliminaire doit préparer le soldat à recevoir sa formation morale spéciale. Pour les pouvoirs publics soucieux de l'avenir de la nation, la difficulté consiste à obtenir ce minimum de culture, tout en sauvegardant le principe

---

sur la minorité. Mais, dans le système créé par des peuples plus avisés que nous, *nation armée* signifie toute la partie valide de la population réunie sous les armes en cas de guerre et groupée dans des cadres solidement constitués, qui ont une double mission à remplir : préparer pendant la paix le reste de la nation à faire la guerre et le guider dans la guerre elle-même. Voilà ceux qui doivent posséder l'esprit militaire et le posséder à un degré tel qu'ils l'inspirent à tous les autres, le jour où cela sera nécessaire. Le reste de la nation n'a besoin que de l'esprit de patriotisme, de dévouement et de sacrifice. » — Général Thouinas, *Les Transformations de l'armée française*, t. II, p. 640.

de « liberté » et pour l'officier, à en tirer le meilleur rendement possible alors que, peut-être, cette culture procède de sources plus ou moins différentes, ne pouvant toutes satisfaire ses préférences.

× ×

Depuis que Germains et Gaulois se sont heurtés si violemment, les fondements de l'état social et politique ont subi de terribles assauts, les conditions économiques se sont pour ainsi dire transformées. Tandis que l'instruction s'est répandue dans la masse, lui créant de nouveaux désirs, de nouvelles aspirations, les lois sociales, politiques et économiques intervenues jusqu'à ce jour n'ont point calmé l'agitation.

Nous croyons avoir prouvé que l' « éducation allemande » a su répondre, avant 1870, à tous les besoins du moment. Cette éducation suffit-elle encore aujourd'hui et y a-t-il trop d'amertume dans ces paroles que prononçait, il y a quelques années, l'empereur Guillaume II : « Le dernier moment où notre école allemande ait été productive pour notre vie patriotique et pour notre développement a été dans les années 1864, 1866, 1870...

. . . .

» L'empire est constitué, nous avons obtenu ce que nous voulions et l'on en est resté là. »

D'autre part, que faut-il croire de ces cris d'alarme dont nous avons fait mention au cours de cette étude, et sans cesse renouvelés par des penseurs — sociologues et philosophes d'Écoles diverses — choisis parmi les plus autorisés de la France d'aujourd'hui !...

En présence de ces faits, de ces idées pessimistes, ne peut-on se demander si ces deux grands peuples, tous deux pleins de sève et d'ardeur, ont compris l' « éducation » individuelle, sociale et militaire, avec assez de sagesse et d'esprit de suite, pour qu'elle soit aujourd'hui et demain « la force et l'énergie » capables de lutter, dans les classes dirigeantes tout autant que dans les classes populaires, contre les ravages de ce cancer social : l'individualisme !...

× ×

Succédant à l'*humanitarisme* ou lui adjoignant ses efforts, le *pacifisme* travaille à faire naître un courant d'idées — généreuses dans le fond — tendant à rapprocher les peuples, à fusionner les nations.

Toutefois, les apôtres du pacifisme ne sont point d'accord sur les principes. Certains d'entre eux préconisent la disparition des frontières par la destruction du patriotisme et de l'esprit militaire, avec l'espoir de supprimer un jour les armées. Au surplus, ces radicaux de l'idée se soucient fort peu de savoir s'ils se trouvent sur la bonne voie ou s'ils font fausse route.

Nous dirons tout d'abord que cette conception de paix universelle est un pur rêve, une grave erreur et un éloge à l'imprévoyance, dans les conditions actuelles du *struggle for life* des nations (1). En second lieu, en analysant les principes de formation de l'Allemagne moderne, nous croyons avoir démontré que les subdivisions politiques, l'association ayant à sa base la morale et le patriotisme, l'armée elle-même, sont des éléments indispensables dans la division et la coopération du travail social intérieur des nations, lequel doit diriger ses efforts vers un but bien défini : *la Patrie.* Celle-ci n'est-elle pas, à son tour,

---

(1) « Si vous avez un fusil, vous n'en aurez probablement pas besoin ; si vous n'en aviez pas, vous en auriez probablement besoin. » (Roosevelt.)

un élément essentiel dans la division et la coopération du travail social des peuples entre eux, lequel doit tendre vers un but plus élevé encore : l'*Humanité*.

Sans aucun doute, la civilisation réserve bien des surprises aux générations futures et le puissant organisme qu'est l'Allemagne d'aujourd'hui n'est peut-être pas la conception politique idéale. Mais ne semble-t-il pas que, dans l'ordre actuel des choses, dont on ne peut faire table rase en un jour, ce genre de pacifisme radical et sectaire que nous signalions plus haut, soit en opposition avec l'humanitarisme !... En effet, les collectivités qui, de nos jours, constituent les fixités vitales des nations — telle une armée nationale — ne peuvent accomplir leur fonction d'une manière bienfaisante qu'en maintenant sans cesse leur puissance morale. Or, celle-ci s'acquiert par les efforts imposés à l'individu pour la conquête des vertus individuelles et collectives, ou, en d'autres termes, par l'extirpation des vices sociaux qui sont la cause des conflits inhérents et *prétendûment nécessaires* (1) à toute vie sociale. Dès lors, détruire le patriotisme, supprimer les armées nationales qui sont la sauvegarde de l'honneur et du droit des nations et qui peuvent, si l'éducation militaire est bien comprise, être aussi des agents de force et de morale sociales, n'est-ce pas priver le travail social humanitaire d'un de ses facteurs principaux de progrès !

Certes, l'on peut souhaiter, espérer même, que le patriotisme, comme toute chose humaine, s'épure, s'affranchisse petit à petit d'esprit de conquête et de vanité agressive. Toutefois, qu'on ne s'y trompe pas : l'*individualisme national*, pas plus que l'*individualisme personnel* et l'*in-*

---

(1) « Les pacifistes sont les complices des conquérants, parce qu'ils sollicitent leurs cupidités en énervant les résistances. » — **E. Denis**, *La Fondation de l'empire allemand*, Préface, p. VII.

dividualisme de classe, ne peuvent être combattus efficacement ni par le mépris du passé, ni par la destruction radicale du présent, ni par l'*internationalisme antipatriotique de classe*, lequel n'est qu'une autre forme de l'individualisme.

La coopération de la morale et de la science en vue de fortifier l'éducation individuelle et sociale (celle-ci envisagée dans toutes ses acceptions, les moindres comme les plus étendues : politique, économique, nationale, internationale...), telle doit être, je pense, la base de l'action pacifiste. Or, la discipline, l'esprit de corps, le patriotisme qui sont les vertus esentielles de l'esprit militaire moderne, sont précisément de la même essence que celles dont se forment l'esprit de famille et l'esprit social.

On objectera peut-être que l'éducation militaire, tout en prêchant les vertus collectives, excite les instincts destructeurs à l'égard de l' « ennemi » éventuel. A cela, nous répondrons tout d'abord que toute cruauté inutile est bannie, dès maintenant, de l'éducation militaire dans les nations civilisées. Nous dirons ensuite : puisque « lutte pour l'existence il y a », l'on ne pourrait enseigner moins qu'une « défensive active » sans nier l'obligation de la culture de l' « instinct de conservation », tant au « moral » qu'au « physique ».

Et au risque de terminer cette étude par l'énoncé d'un paradoxe, j'émets l'idée que *l'éducation militaire peut elle-même coopérer au travail rationnel, mais non chimérique du pacifisme*. En effet, si j'ai pu prouver qu'en 1870 la nation la plus forte moralement possédait aussi l'armée la plus solide, ne puis-je prétendre que le rêve de paix universelle n'entrera dans sa période réaliste que le jour — bien lointain sans doute — où s'identifieront cette maxime et cet aphorisme aussi vieux que le monde : « *Mens sana in corpore sano.* » « *Si vis pacem, para bellum...* » Car alors le peuple le plus fort sera aussi le plus pacifique, étant le plus moral d'entre les peuples !

TABLE DES MATIÈRES

IV

CONCLUSIONS